Die Keuschhaltung des Manns

Eine Anleitung für die Schlüsselhalterin

von Lucy Fairbourne

Übersetzung von *kpb57*

V
VELLUMINOUS

Verleger: Velluminous Press
www.velluminous.com
Copyright © Lucy Fairbourne, 2013
Alle Rechte vorbehalten

ISBN 978-1-905605-40-8

Die Keuschhaltung des Manns

Eine Anleitung für die Schlüsselhalterin

von Lucy Fairbourne

Übersetzung von *kpb57*

Zur Sicherheit

Dieses Buch ist für Erwachsene, die sich darüber im Klaren sind, dass ihre intimen Aktivitäten auch ein entsprechendes Maß an Verantwortungsbewusstsein und gesunden Menschenverstand voraussetzen.

Wie bei jeder erotischen Aktivität, die physischen Zwang beinhaltet, kann auch der Missbrauch einer Keuschheitsvorrichtung gefährlich sein. Autor und Verleger dieses Buchs übernehmen keine Verantwortung für die Folgen solchen Missbrauchs.

Wenn ihr nicht sicher seid, wie eine Keuschheitsvorrichtung (oder irgendetwas anderes) sicher anzuwenden ist, dann verwendet sie nicht, bis ihr eure Fragen und Bedenken mit dem Hersteller oder Lieferanten abgeklärt habt. Wenn der Hersteller oder Lieferant nicht zu seinem Produkt steht, indem er Informationen zur sicheren Verwendung herausgibt, dann seht euch nach einem anderen Gerät um.

Seid vernünftig. Bleibt gesund und auf der sicheren Seite.

Definitionen

Keuschhaltung des Manns: *Einen damit einverstand-enen Mann mit Hilfe einer versperrbaren Vorrichtung so zu sichern, dass seine sexuelle Befriedigung nur mit Zutun und Zustimmung der Schlüsselhalterin erreicht werden kann.*

Schlüsselhalterin: *Diejenige, die den Schlüssel des oben angeführten Manns verwahrt.*

Inhalt

ERSTER TEIL
<small>EINFÜHRUNG UND ORIENTIERUNG</small>

ZWEITER TEIL
<small>PRAKTISCHE DINGE</small>

DRITTER TEIL
Das erotische Spiel mit der Keuschheit

VIERTER TEIL
Nach vorne oder zurück

Anhang A: Quellen im Internet

Anhang B: Massnehmen für einen Ring   86

Vorwort

Die männliche Libido unterscheidet sich stark von der
weiblichen. Sie ist fast ausschließlich auf den Sexualakt
ausgerichtet; für einen heterosexuellen Mann bedeutet das:
Geschlechtsverkehr mit einer ihn anziehenden Frau bis
zum Samenerguss.

Haben Männer keinen Zugang zu einer anziehenden
Frau (oder ist sie gerade nicht verfügbar), dann suchen
sie Zuflucht zu Masturbation und sexuellen Fantasien als
„Sicherheitsventil" für die durch ihren Trieb verursachte
Spannung.

Aus Sicht der Erhaltung der menschlichen Art macht
das Sinn. Wie sonst hätten wir dem Befehl „seid frucht-
bar und mehret euch" folgen können? Unglücklicherweise
kann diese Neigung, die so gut darin funktioniert hat, die
Menschheit über den ganzen Planeten auszubreiten, in mo-
dernen, von Liebe bestimmten Beziehungen ein Problem
darstellen.

Erinnerst du dich, wie dein Mann war, als er um dich
warb? War er nicht aufmerksamer, romantischer, mehr darauf bedacht, dir zu Gefallen zu sein? Hat er jemals vergessen, dich anzurufen? Hast du dich je gewundert, woher
diese Aufmerksamkeit kam und wo sie hingegangen ist?

Sie kam von seiner natürlichen sexuellen Spannung,
und höchstwahrscheinlich ist sie durch jenes Sicherheitsventil verschwunden, von dem ich vorher schrieb.

Ohne Zweifel hat er dich gemocht; ohne Zweifel hat er
dich geliebt; ohne Zweifel hat er dich begehrt. Und dieses
Begehren beruhte auf seiner sexuellen Spannung und auf
den greifbaren Belohnungen, die du ihm bieten konntest -
Belohnungen, die ihm zwar momentan noch vorenthalten

waren, aber doch in seiner Reichweite, wenn er dich doch nur für sich gewinnen konnte...

Das ist Begierde.

Erinnere dich an das letzte Mal, als ihr euch geliebt habt. War er so leidenschaftlich wie in den frühen Tagen eurer Beziehung? Nahm sein Interesse ab, sobald er seinen Höhepunkt hatte? Drehte er sich auf die Seite und begann zu schnarchen? Vergingen seine Fähigkeit und sein Wille, dir zu Gefallen zu sein, sobald sein Trieb befriedigt war?

Das mag allzu vertraut klingen, aber es ist nicht unvermeidbar. Dieses Buch beschreibt eine Alternative, die zu einer Rückkehr der Romantik und zu einer frischen Entfachung der Begierde führen kann; dazu musst du die physische Kontrolle über die Fähigkeit deines Manns zur sexuellen Erregung und zum Orgasmus übernehmen.

Wenn du das schaffst, machst du dir seine Libido zu Nutze, die ursprünglichste Kraft, die ihn antreibt. Du wirst ihn auf Touren und wieder herunterbringen können, du wirst ihn reizen, ihm Freude und Vergnügen bereiten (aber nicht notwendigerweise in dem vollen Umfang, der ihm behagen würde).

Buchstäblich wirst du den Schlüssel zu seiner Natur in der Hand haben; das kann dir helfen, ihn zu verstehen, und ihm, dich und deine Bedürfnisse wahrzunehmen. Du wirst entdecken, dass er begierig, ja sogar verzweifelt sein wird, deine Sehnsüchte zu erfüllen.

Und mindestens ebenso wichtig: Du wirst entdecken, falls dein Mann zugänglich für diese Ideen ist, dass du ihm Wünsche erfüllst, von denen er gar nicht wusste, dass er sie hatte, und du wirst seine tiefsten Sehnsüchte befriedigen.

ERSTER TEIL
EINFÜHRUNG
UND
ORIENTIERUNG

Einführung

Es gibt verschiedene Gründe, warum du dieses Buch liest:

- Dein Mann oder dein Freund hat es dir gegeben.
- Der Umschlag, der Titel oder das Thema hat deine Neugier geweckt.
- Du bist irgendwo anders auf die Idee der männlichen Keuschheit gestoßen, und du möchtest mehr darüber lernen, wie sie euer Liebesleben aufpeppen und dir helfen könnte, mehr aus eurer Beziehung zu machen.

Aus Erfahrung bin ich sicher, dass der erste Grund am ehesten zutrifft: Deine Aufmerksamkeit wurde vom Mann deines Lebens auf dieses Buch gelenkt. Falls das so ist, dann erhofft er sich von dir ein Geschenk. Während du weiterliest, wirst du entdecken, was dieses Geschenk ist und was du im Gegenzug dafür erhalten könntest.

In den meisten heterosexuellen Beziehungen hat der Mann die Hosen an. Ein Teil davon liegt in der Biologie, aber es geht sicher auch auf unsere Erziehung zurück; die Buben werden angeregt, entschieden und kühn zu sein, die Mädchen, begehrenswert und zurückhaltend.

Dazu verdienen Männer noch immer eher mehr als ihre Partnerinnen. Das macht sie meistens zum Familienerhalter und gibt ihnen großen Einfluss darauf, wie das Haushaltseinkommen verwendet wird.

Er ist wahrscheinlich auch körperlich stärker – und dickköpfiger – als du. Weil Frauen mehr zu einer pflegenden Rolle erzogen werden, ist es höchstwahrscheinlich so, dass du dir mehr Gedanken über seine Bedürfnisse machst, als er über deine oder die der Familie, und dass er sich weniger auf dich konzentriert als auf andere Dinge (seine Arbeit zum Beispiel).

Hört sich gut an, oder? Er bekommt all die Aufmerksamkeit und hat die interessante und lukrative Karriere, während du die Hausarbeit hast, die Kindererziehung, und dich auch noch um ihn kümmerst. Was den Sex anbelangt, den stößt er an, wann immer er will, und wenn du einmal nicht in der Stimmung bist, macht er es sich selbst.

Warum ist es dann so wahrscheinlich, dass er dir dieses Buch gegeben hat? Warum wurde die Idee der männlichen Keuschheit, wo ein Mann eine Menge an Macht, inklusive der Kontrolle seiner intimsten Stellen, an seine Frau oder Freundin übergibt, in den letzten Jahren zunehmend populärer?

Glaub mir, bei der überwiegenden Mehrheit der heterosexuellen Paare, die sich entschlossen haben, mit der Keuschheit des Manns zu experimentieren, ging die Initiative nicht von der Frau aus (obwohl das vielleicht so besser wäre).

Du weißt wahrscheinlich nicht, dass eine erstaunlich große Zahl von offenbar traditionellen Männern im Herzen unterwürfig (devot) ist. Im Speziellen sexuell devot. Um mit dieser Veranlagung umzugehen, hat ein Mann drei Möglichkeiten:

- Er geht beschämt und still durchs Leben, hält seine Veranlagung geheim und teilt diesen wichtigen Aspekt seiner Sexualität nicht mit seiner Liebsten.

- Er sucht, in mehr oder minderem Ausmaß, einen Ausweg durch Internet-Pornographie, Masturbationsfantasien, Chat Rooms oder noch unappetitlichere Optionen.

- Er öffnet sich gegenüber seiner Frau oder Geliebten im Vertrauen, dass sie seine Ehrlichkeit schätzt, seine Veranlagung versteht, ihn so akzeptiert wie er ist, und ihm vielleicht sogar hilft, das zu finden, was er braucht.

Wenn dein Mann dich gebeten hat, dieses Buch zu lesen, hat er sich offensichtlich für die dritte Alternative entschieden. Gut für ihn, und gut für dich! Eure Beziehung ist offensichtlich so, dass er dir vertrauen kann, und nicht das Gefühl hat, einen wichtigen Teil seiner selbst vor dir verbergen zu müssen.

Der Ball ist jetzt bei dir. Wie wirst du reagieren? Wirst du bei allem mitmachen, was er will, oder wirst du entscheiden, dass das alles zu eklig ist und so tun, als hättest du das Buch verloren?

Oder wirst du den Rest des Buches lesen und mit der Reaktion warten, bis du die Chance hattest, den Inhalt aufzunehmen?

Aus seiner Sicht wäre es natürlich ideal, wenn sein Bekenntnis eine ebensolche Eröffnung von dir hervorruft: Dass du ihn schon die längste Zeit sexuell dominieren möchtest, aber zu verlegen dafür warst.

Tatsache ist, so geht es selten, daher sei nicht besorgt, wenn das bei dir nicht so ist. Der Grund ist einfach: Die devote Veranlagung ist bei Männern viel weiter verbreitet als die dominante bei Frauen (überhaupt sind Fetische und sexuelle „Abartigkeiten" bei Männer üblicher als bei Frauen).

Natürlich ist es möglich, dass du eine dominante Frau bist, die dieses Buch im Hinblick darauf genommen hat, ihrem devoten männlichen Partner die darin enthaltenen Ideen nahezubringen. Falls das so ist, wirst du viel guten Rat im Rest des Buches finden.

Wenn dir andererseits die Konzepte der sexuellen Dominanz und Unterwürfigkeit neu oder zumindest nicht vertraut sind und du das Buch auf Anregung deines Manns liest, dann kannst du mit Recht annehmen, dass er hofft, du könntest einen Samen der Dominanz in dir finden und wachsen lassen, und möglicherweise die hier gefundenen Ratschläge befolgen.

Und falls du ein Mann bist, der hofft, seine Frau oder Freundin dazu zu bewegen, Kontrolle über seine Keuschheit zu übernehmen, dann bist du gut beraten, dieses Buch jetzt sofort deiner besseren Hälfte zu übergeben. Das Beste, was du vom Weiterlesen bekommst, ist eine Erektion. Tu dir einen Gefallen und warte, bis die Zeit gekommen ist, wo du erfährst, was deine Liebste mit dir vorhat.

Was ist die Keuschheit des Manns?

Keuschheit des Manns hat verschiedene Bedeutungen. Nach strenger Definition bezeichnet sie jegliche männliche Abstinenz von sexueller Aktivität. Zum Beispiel praktizieren Mönche, Priester und verschiedene andere heilige Männer männliche Keuschheit (oder sie sollten es zumindest tun) üblicherweise im Dienst ihres Gottes.

Innerhalb einer heterosexuellen Beziehung bezeichnet der Begriff den Fall, wo ein Mann sich sexueller Erfüllung enthält, außer seine Frau oder Freundin gewährt sie ihm. Dieser Typ von keuschem Mann enthält sich im Dienst seiner Göttin und nicht seines Gottes. Er tut das im Wissen, dass sein sexuelles Opfer unterm Strich das Vergnügen beider erhöhen wird.

In manchen Fällen bleibt der Mann freiwillig und ohne jeden Zwang keusch. Er verspricht einfach, sich jeglicher Stimulation zu enthalten, außer seine Liebste ruft ihn ins

Schlafzimmer (oder gibt ihm in anderer Weise die Erlaubnis, seine Abstinenz zu beenden).

In den letzten Jahren ist eine andere Form der männlichen Keuschheit populär geworden, wo der Penis des Manns in eine speziell dafür gemachte Vorrichtung eingeschlossen wird (üblicherweise ein Rohr oder Käfig) und dort für mehrere Tage (oder sogar länger) verbleibt.

Diese Vorrichtung ist üblicherweise zu klein, um eine vollständige Erektion zu erlauben, und sobald sie verschlossen ist, kann sie der Mann nicht entfernen und sich auch nicht berühren, was der Person, die den Schlüssel kontrolliert (die sogenannte Schlüsselhalterin), eine noch nie dagewesene erotische Macht verleiht.

Manche Paare benützen die männliche Keuschheit, um der Frau die Kontrolle in vielen oder allen Bereichen der Beziehung zu geben. Für andere bringt sie einfach zusätzliche Würze ins Schlafzimmer. Und natürlich gibt es ein weites Spektrum von Begierden, Fantasien und Praktiken zwischen diesen beiden Extremen.

Dieses Buch befasst sich mit der Keuschhaltung des Manns in einer langfristigen heterosexuellen Beziehung, wo die Partner einander kennen und vertrauen. Es richtet sich an Paare, die ihr Geschlechtsleben aufpeppen wollen, die gerne mit neuen Ideen experimentieren, die ihr gegenseitiges Wohlbefinden ernst nehmen und möglicherweise weiter über das gelegentliche Spiel im Schlafzimmer hinausgehen wollen.

Warum macht man das?

Wenn dir die Idee der männlichen Keuschheit noch nie über den Weg gelaufen ist, wirst du dich möglicherweise wundern, worum sich die ganze Aufregung dreht. Du wirst dich fragen: *„Warum, in Gottes Namen, möchte er, dass*

ich seinen Penis einsperre, so dass er ihn nicht berühren kann?"
oder *„Warum sollte ich ihm den Zugang zu seinem Körper ver-*
wehren wollen?"

Eine Antwort liegt auf der Hand: Wenn dein Mann ein-
verstanden ist (oder sogar darum gebeten hat), eingesperrt
zu werden, dann möchte er es zumindest ausprobieren. In
irgendeinem tiefen, dunklen Teil seiner männlichen Psy-
che sehnt er sich danach, von dir kontrolliert zu werden,
dir ganz ausgeliefert zu sein.

Eine andere Antwort kommt aus den Ideen des Philoso-
phen Jean-Paul Sartre, der uns gelehrt hat, die Begierde zu
schätzen, ohne sie auszuleben. Gemäß seiner Philosophie
ist der Weg wichtiger als das Ziel, die Mittel sind wichtiger
als der Zweck. Die Erfüllung hinauszuzögern ermöglicht
uns, die ganze Erfahrung länger zu genießen, und macht
den letztendlichen Höhepunkt umso explosiver, wenn er
eintritt. Wenn du den Penis deines Manns einschließt und
die Kontrolle über seine Befreiung übernimmst, hilfst du
ihm, seine sexuelle Befriedigung hinauszuzögern – etwas,
was er alleine vielleicht nicht schaffen würde.

Ein anderer Ursprung findet sich in der Vorstellung des
Sich-Aufopferns für die Frau; ein Konzept, das nicht neu
ist, zumindest in Erzählungen. Wie viele Mythen und Legenden erzählen vom Helden, der bereit ist, sich für die
Frau, die er begehrt, zu opfern, und der sich allen mögli-
chen Beschwernissen auf ihr Geheiß aussetzt?

Ein gutes Beispiel: Für die ritterlichsten und abenteu-
erlustigsten Ritter des Königs Arthur war es schon eine
Lebenseinstellung, Leben und Gesundheit im Dienst einer
schönen Maid aufs Spiel zu setzen … und wie stolz war der
Ritter, das Zeichen ihrer Gunst zu zeigen, wenn sie den Ritter
damit belohnte, ihre Schleife beim Turnier zu tragen, und er
danach strebte, sie zur Königin seines Herzens zu machen.

Die Keuschhaltung des Manns

Zum einen opfert ein Mann, der in Keuschheit verschlossen ist, seine Chance auf sexuelle Freuden. Zum anderen sind seine sexuellen Freuden nur aufgeschoben und dadurch verstärkt, seine Bindung an die Schlüsselhalterin ist sicherlich vertieft. Wenn die sexuelle Befriedigung eines Manns verzögert wird, steigt seine Erregung mehr und mehr. Je mehr du ihn reizt und seine Erlösung verweigerst, desto spitzer wird er (und williger, dir zu Gefallen zu sein).

Daher ist es nicht überraschend, dass der Mann aufmerksamer wird, während ihn seine Schlüsselhalterin von Erregung zur Frustration und zurück bringt; seine Möglichkeiten zur sexuellen Befriedigung wurden ihm (buchstäblich) aus der Hand genommen und auf den Willen einer einzelnen Person eingegrenzt.

Wenn du die Schlüsselhalterin deines Manns wirst, akzeptierst du sein Opfer und erwiderst es mit einem einzigartigen und außergewöhnlichen Geschenk. Was wirst du noch für dieses Geschenk von ihm verlangen? Sei versichert, er ist gespannt, das zu erfahren und sich danach zu richten. Die Antwort, die der Mann auf diese bohrende Frage erhält, ist bei jeder Frau und bei jedem Paar verschieden. Wir werden einige Möglichkeiten dafür in Kürze beleuchten.

Vorerst wollen wir uns ins Gedächtnis rufen, dass die Natur es den Frauen ermöglicht hat, viel mehr Orgasmen als ein Mann zu genießen – und dass die Keuschheit des Manns daran nichts ändert. Ganz im Gegenteil. Du wirst das oftmalig für dich selbst entdecken, während du Schritt für Schritt lernst, seinen Sexualtrieb im Dienst für dich einzufangen (und zu erfüllen).

Du solltest keine Schuldgefühle hegen oder dich für egoistisch halten, wenn du das tust. Die männliche Keuschheit könnte ungewöhnlich und grausam erscheinen, aber du tust nicht mehr als das, was sich dein Mann gewünscht hat, oder wozu er sich freiwillig bereit erklärt hat. Alles, was du von ihm verlangst, und alle Einschränkungen, die du ihm auferlegst, sind Teil seiner devoten Fantasie. Und zum Ausgleich wird seine sexuelle Befriedigung (wenn du sie ihm schließlich gewährst) mit nichts vergleichbar sein, was er je erlebt hat.

Statt ihm die Freiheit zu nehmen und ihn grausam zu behandeln, gibst du ihm etwas, das er möchte und braucht: Das Gefühl, durch die Vorrichtung und daher durch dich kontrolliert, gereizt, erregt und frustriert zu werden. Wenn das dazu führt, dass er dir mehr Aufmerksamkeit schenkt und mehr Wege findet, dir etwas Gutes zu tun, umso besser. Während er sich bemüht, dir zu Diensten zu sein, werden deine Freuden zu seinen Freuden, und er wird danach streben, dessen würdig zu sein, dass du seinen Schlüssel hältst (und letztendlich benutzt).

Gemeinsam werdet ihr vielleicht entdecken, dass seine Keuschheit eine neue Verbundenheit bringt und dass jene Begierden, dir ihr für eine Sache der Vergangenheit hieltet, wieder neu entfacht werden. Ihr werdet mit Sicherheit eine große Veränderung in den sexuellen Machtverhältnissen und der Dynamik der Lust in eurer Beziehung erleben.

Was spricht gegen die Keuschhaltung?

Die Keuschhaltung funktioniert nicht bei allen Paaren. Es ist gut möglich, dass du nach der Lektüre dieses Buches es weglegst und sagst: „Danke, aber nein, danke."

Jede monogame Beziehung beinhaltet zwei Leute, von denen es jedem freisteht, neue Ideen auf den Tisch zu legen, und jeder hat das Recht, sich diesen Ideen zu verweigern. Wir haben schon gesehen, dass das Thema männliche Keuschheit eher vom Mann vorgebracht wird; wenn das der Fall ist, dann kann es für seine Liebste schwierig zu verstehen sein, warum er sich etwas so offensichtlich Perverses ersehnen sollte. Gegen jeden anderslautenden Rat kann die Idee, ihn einzusperren, bei ihr ein Gefühl der Grausamkeit und Gemeinheit hervorrufen – oder sie ganz einfach kalt lassen.

Umgekehrt, falls die Idee von ihr kommt, kann es schwierig für ihn sein, sich die Vorteile vorzustellen – außer er ist aufgeschlossen und vertrauensvoll genug, es zu probieren.

Für den Mann bedeutet die Keuschhaltung etwas an Unannehmlichkeiten, zum Beispiel kann die persönliche Hygiene mehr Zeit und Aufwand erfordern. Außerdem wird er zum Wasserlassen sitzen müssen.

Für die Frau bringt sie zusätzliche Verantwortung. Ein wichtiger Aspekt des Wohlbefindens ihres Manns – was bisher alleine seine Sache war – ist jetzt unter ihrer direkten Kontrolle.

Wenn ein oder alle Aspekte der Keuschhaltung mehr sind als du dir antun willst, oder wenigstens ertragen kannst, dann wirst du sie wahrscheinlich nicht genießen. Wenn dein Mann trotzdem fix darauf aus ist, diese Spielart der Erotik in euer Liebesleben einzubringen, dann könntest du dir überlegen, gelegentliche Keuschheitsspiele mit ihm zu spielen aber dabei längere Verschlusszeiten zu vermeiden.

Wie immer du dich entscheidest, lass dich nicht von ihm drangsalieren – der Plan ist es, dass er ein Opfer bringt und zu Diensten ist, nicht, dass er dich herumkommandiert.

Was ist für dich drin?

In zwei Worten: andauerndes Umwerben.

Bevor wir uns das im Detail ansehen, lass uns betrachten, was du im Moment hast. In anderen Worten, was *nicht* für dich drin ist:

- Verbringst du mehr Zeit damit, ihn zu verwöhnen, als er das für dich tut?
- Wer ist sich der Bedürfnisse des anderen mehr bewusst und kümmert sich auch darum, du oder er?
- Erhältst du oralen Sex so oft und mit solcher Begeisterung, wie du das möchtest?
- Was ist mit Rücken- und Fußmassagen?
- Wenn er es macht, macht er das hastig, widerstrebend, ärgerlich statt mit Freude?
- Übernimmt er seinen Teil der Hausarbeit?
- Ist eure Beziehung auf der Gefühlsebene so innig, wie du dir das wünschst?

Fertige bitte eine Liste an, entweder auf Papier oder am Computer. Die erste Liste nennen wir *Intimität und Romantik*, die zweite *Sex und Sinnlichkeit* und die dritte *Familienleben und Haushalt*. Dann fülle die Listen aus. Zum Beispiel:

Intimität und Romantik
Ich hätte gern, dass er von Zeit zu Zeit ein romantisches Essen zubereitet.

...

Sex und Sinnlichkeit
Ich brauche mehr Rückenmassagen!

...

Familienleben und Haushalt
Ein Wort – Klobrille. Die muss unten bleiben.

...

Es ist wichtig, dass du dir klar wirst, was du als Gegenleistung für das Geschenk des Schlüsselhaltens erwartest. Mach dir nichts vor: Schlüsselhalten ist ein Geschenk, und zwar eines, das erhebliche Zeit und Aufmerksamkeit von einer liebenden Schlüsselhalterin erfordert. Es darf dir *nicht* peinlich sein, dafür eine Gegenleistung von deinem Mann zu fordern – die Steigerung deines Wohlbefindens ist ein wichtiger Aspekt seiner Unterwerfung dir gegenüber. Also entspann dich, und ermögliche es deinem keuschen Mann, so viele deiner Bedürfnisse wie möglich zu erfüllen, denn das ist genau das, was er begehrt.

Dadurch, dass du diese Listen erstellst, definierst du die Währung, in der er dein Geschenk verdienen und zurückzahlen kann, und du erstellst das Konto, welches dir (und ihm, denn er möchte ja, dass auch *du* dies alles genießt) zeigt, dass der Aufwand es wert war.

Falls dir ernsthaft nichts einfällt, dann muss deine Beziehung zu deinem Mann ja schon perfekt sein. Belohnst du ihn dann mit dem Geschenk, seine Schlüsselhalterin zu werden, oder lässt du ihn damit allein?

Du hast die Wahl.

Was hat er davon?

Wenn dir dein Mann dieses Buch gegeben hat, dann hat er möglicherweise schon erklärt, warum er keusch gehalten werden möchte. Falls er seine Bedürfnisse noch nicht in Worte gefasst hat, oder du diese Sache aus eigenem Antrieb erforschst, dann gebe ich dir jetzt ein paar Hinweise, warum Männer überhaupt devot sind, und was ein devoter

Mann davon hat, von einer Frau, die ihn liebt, keusch gehalten zu werden.

Wenn es dir schwer fällt, dich mit dem Gedanken anzufreunden, dass die Welt voller sexuell devoter Männer ist, dann mach einmal ein Experiment. Das nächste Mal, wenn du ein Kinoposter mit einer lederbekleideten, eng geschnürten, auf hohen Absätzen stehenden Göttin siehst (und die sind heutzutage gar nicht selten), schau auf die männlichen Passanten – und wie es ihnen den Kopf verdreht.

Warum sollten so viele normale, gesunde Männer sich derart von einer erotisch starken, anspruchsvollen und selbstbewussten Frau angezogen fühlen? Ein Grund mag sein, dass Männer selbst im Alltag mit so vielen dominanten Rollen belastet sind (als Haushaltsvorstände oder als Chefs im Unternehmen). Nach dieser Theorie haben diese starken Männer das Gefühl, dass ihr Leben aus dem Gleichgewicht ist, und versuchen, das im Schlafzimmer auszugleichen, wo sie die Verantwortung mit den Kleidern ablegen.

Selbst wenn man diese Tendenz der Männer zur Unterwürfigkeit außer Acht lässt: Ein Mann, dem man den Orgasmus verweigert, ist dauernd geil. Und sagen wir es, wie es ist: Geil zu sein macht ihnen Spaß, besonders wenn eine begehrenswerte Frau (das bist du!) in der Nähe ist, die möglicherweise willens ist, da auszuhelfen. Aufreizen, Verweigern und die Unsicherheit sind alles Teile eines erotischen Spiels, das auf die männliche Libido äußerst stimulierend wirkt.

Ein Mann, der sicher in einer Keuschheitsvorrichtung verschlossen ist, hat außer seiner Schlüsselhalterin keine andere Möglichkeit, den Druck abzulassen. Selbstbefriedigung ist keine Option mehr. Sexuelle Fantasien wird er zweifellos weiter haben, aber sie werden sich mehr und mehr um dich drehen. (Bist du davon ausgegangen, dass sie bis jetzt immer mit dir zu tun hatten? Das könnte schon sein, aber du kannst dir sicher sein, dass das, was immer auch in diesen Fantasien passiert ist, Sachen waren, die ihm gefallen, nicht notwendigerweise dir!)

Stell dir vor, wie der Schlüssel zu seinem Penis an einer Kette um deinen Hals hängt. Stell dir vor, was das bei ihm auslöst: Um wen werden sich seine Gedanken drehen, wann immer er erregt wird? Wessen Griff wird er sich am meisten wünschen, wenn die Vorrichtung zupackt und seine Erektion (weitgehend) verhindert?

Für den keuschen Mann wird seine Schlüsselhalterin zur schönsten, begehrenswertesten und (im Augenblick) unerreichbarsten Frau der Welt. Welchem Mann würde es nicht gefallen, solch eine Frau wieder und wieder zu umwerben und vielleicht auch für sich zu gewinnen?

Dadurch, dass er endlich die Kontrolle über seine Männlichkeit in die Hand nimmt und einen Teil dieser Kontrolle an seine Schlüsselhalterin übergibt, kann er seinen Fokus mehr von der Selbsterfüllung auf sein Leben lenken – die Partnerin, das Haus, die Familie. In einer Zeit, wo viele von uns oft vergessen, was zählt, ist es kein geringes Geschenk, wenn einem dabei geholfen wird, die wirklich wichtigen Dinge des Lebens zu erkennen.

Ein braves Mädchen würde so etwas doch nie tun...

Die menschliche Gesellschaft hat eine natürliche Tendenz, Leute in Gruppen einzuteilen und ihnen entsprechende Rollen zuzuweisen; dadurch entstehen Verhaltensmuster, denen sich die einzelnen Menschen anpassen sollten.

Sehr oft bringen uns diese Erwartungen dazu, uns so zu

verhalten, wie es gut für uns ist – und gleichermaßen gut für die Gesellschaft, in der wir leben. Jedoch beschränken sie auch oft unsere Möglichkeiten für ein glückliches Leben und zwingen uns zu widersinnigen Lebensweisen.

Was bedeutet das nun, wenn wir annehmen, dass du dich zur Gruppe der „braven Mädchen" zählst?

- Bedeutet es, dass du dein eigenes Glück und Wohlbefinden opfern und immer die Bedürfnisse und Interessen der anderen deinen eigenen vorziehen musst?

- Bedeutet es, dass dir nur eine eingeschränkte Auswahl sexueller Verhaltensweisen zusteht, die von deinen Eltern, Freunden, der Kirche oder Gesellschaftsschicht sanktioniert ist?

- Bedeutet es, dass du nie eigennützig oder anspruchsvoll sein sollst, ohne Rücksicht auf den Gewinn sowohl für dich als auch den, der unter deinen „selbstsüchtigen Forderungen" „leidet"?

Jede der obigen Definitionen mag wahr sein. Aber die beste Definition von „nett sein" ist doch, dass nette Leute einander Gutes tun. Dass man die guten Dinge in skandalöse Kleider, energische Worte oder derbe Bilder verpackt, macht sie nicht weniger gut.

Ganz im Gegenteil: Wenn du dir selber erlaubst, einige dieser Dinge anzunehmen, werden sie noch besser.

Wenn gut zu sein bedeutet, dass man das Leben gut macht, dann solltest du dich fragen, ob dein Leben jetzt so gut ist, wie es sein könnte. In deiner Beziehung, im Schlafzimmer, im Haushalt? Hilft dein „nettes Mädchen"-Ideal, oder behindert es dein Glück mit deinem Mann? Bist du bereit, etwas zu riskieren, damit dein Leben besser wird?

Vielleicht befürchtest du, dass männliche Keuschheit so

aussieht, als würdest du Sex als Waffe gebrauchen. Wenn das so wäre, dann hast du Recht. Sex so zu missbrauchen ist nie positiv.

Deinen Mann keusch zu halten ist aber keine Gefechtstaktik im Krieg der Geschlechter. Vielmehr ist es eine Möglichkeit, ihm viel Freude zu bereiten.

Noch immer nicht überzeugt? Dann bedenke einmal das: Sex als Waffe zu benutzen ist eine kalte, berechnende Verhaltensweise. Die Kontrolle auszuüben, um zu reizen, spielerisch zu frustrieren für das gemeinsame Vergnügen und die Erfüllung von Fantasien, ist dagegen scharf und voller Spontaneität. Was, wenn du mehr Orgasmen als er hast? Das ist wohl unvermeidbar im Lichte der physiologischen Unterschiede zwischen den Geschlechtern, so hat uns halt die Natur ausgestattet.

Für einen Mann macht es einen großen Unterschied, ob es in einer Beziehung einfach nicht so viel Sex gibt, wie er gern hätte, oder ob er zwar wenige Orgasmen aber dafür viel erotische Spannung erlebt.

In der *ersteren* Form der Beziehung wird der Mann mürrisch und nachtragend werden. Er wird die Bar und den Golfplatz seinem Zuhause vorziehen, und er wird lieber in Gesellschaft seiner Freunde sein als bei seiner Familie. Er wird sich Erleichterung mit Pornographie, Masturbation und Sex-Hotlines verschaffen; in extremen Fällen wird er fremdgehen.

In der *letzteren* Form einer Beziehung wird der Mann immer noch Spaß mit seinen Freunden oder bei einer Runde Golf haben, aber diese speziellen anderen Aktivitäten werden ihm aus der Hand genommen sein – und er wird auch nicht an ihnen interessiert sein, denn die erotische Stimulation, nach der er sich verzehrt, wartet zu Hause auf ihn, mit seiner auserwählten Partnerin.

Unterm Strich: „Brave Mädchen" dürfen Spaß haben. Sie dürfen die Kontrolle übernehmen, wenn sie das wünschen. Sie müssen nicht immer kochen und putzen. Sie dürfen sich selbst mal über ihren devoten Mann stellen. Sich Freude vom Mann verschaffen zu lassen bedeutet nicht, keine gute Frau zu sein, genauso wenig, wie verehrt zu werden und begehrt zu sein.

Und das Schönste ist, dass dein keuscher Mann, der durch dein Reizen und die Verweigerung auf die höchste Stufe der Erregung gebracht wird, jede Minute lieben wird. Sogar wenn er frustriert ist – *besonders* wenn er frustriert ist – wird seine Libido wieder zu ihrem 18-jährigen Niveau zurückkehren, und das kann für euch beide nur gut sein.

⊕

Wie wir gesehen haben, ist die erzwungene Keuschhaltung ein Geschenk, das du deinem Mann machst. Sie ist eine ernste Sache, die deine Liebe, Zeit, Aufmerksamkeit und Fürsorge erfordert. Er wird dir vieles dafür geben, aber deine Gabe ist die wichtigere: erst sie ermöglicht diesen Austausch.

Solch ein Geschenk kommt nicht ohne Kosten: Wenn du diese Befugnis übernimmst, übernimmst du auch Verantwortung. Im Gegenzug entledigt sich dein Mann auch einer gewissen Verantwortung mit jedem Stückchen Kontrolle, das er dir überlässt.

Wenn du die Schlüsselhalterin deines Manns wirst, übernimmst du diese Verantwortung mit der Aufgabe, ihn beim Studium deines Vergnügens zu unterweisen und zu unterstützen, und letztendlich auch sein Wohlbefinden dabei zu steigern.

Wenn du ihm eine solche Möglichkeit offenbarst, kann das doch nur eine großzügige Handlung sein!

Aber er ist doch sicher jetzt schon keusch?

Das wünschst du dir wohl! Wenn dein Mann dir gesagt hat, dass er nie masturbiert, dann ist er da sicher nicht ganz ehrlich (mach dir deswegen keine Sorgen, das kommt am ehesten von seiner eigenen Scham, und nicht, weil er dich wirklich hintergehen will). Außerdem gibt es sicher auch das eine oder andere, das du ihm nicht erzählt hast...

Fast alle Männer masturbieren, sogar wenn sie in einer fixen Beziehung sind. Nach einer Studie masturbieren Männer täglich, bis sie 30 und darüber sind. Nach einer anderen Studie gab nur ein Prozent der Männer an, nicht zu masturbieren (und die Zuverlässigkeit dieses einen Prozents kann man auch in Frage stellen).

Männliches Masturbieren ist ganz normal, und solange es nicht ausartet oder zur Sucht wird, wird es keine direkte Auswirkung auf eure Beziehung haben.

Jedoch ist die Libido eines Manns wie Geld in der Bank: Ist es einmal ausgegeben, muss man auf den nächsten Zahltag warten. Da die sexuelle Zuwendung deines Mannes begrenzt ist, wirst du es wohl vorziehen, dass sie bei dir ausgegeben wird... und die männliche Keuschheit ist ein Weg, das sicherzustellen.

Wir haben schon gesehen, dass er sexuelle Fantasien hat. Er hat sie, wenn er masturbiert, wenn er Tagträume hat, möglicherweise auch, wenn es so aussieht, als würde er fernsehen. Es gibt keinen Weg, ihn davon abzuhalten (das würdest du auch nicht wollen), aber du kannst dir einer Sache sicher sein: Wenn du seinen Penis einsperrst und den Schlüssel hältst, dann wird es kein Vorsprechen für Rollen in seinen Fantasien mehr geben.

Die Hauptrolle wird dir gehören.

ZWEITER TEIL
PRAKTISCHE
DINGE

Bevor ihr beginnt

Ordentlich gemachte Keuschheitsvorrichtungen sind nicht billig... mit weniger als mehreren Hundert Dollar (Euro) kommt man am oberen Ende des Marktes nicht aus. Das bedeutet, dass die Entscheidung, männliche Keuschheit in die Beziehung einzubringen, neben der erotischen auch eine finanzielle Komponente beinhaltet, also solltet ihr das nicht übereilen (und lass dich von deinem übereifrigen Liebsten nicht in eine voreilige Verpflichtung drängen).

Preiswerte Vorrichtungen gibt es, aber die bieten in der Regel weniger Qualität, Komfort und Sicherheit. Sie mögen für das gelegentliche Spielen und für Experimente geeignet sein, aber erwartet nicht, dass sie für längeren Einsatz brauchbar sind oder dass sie so attraktiv und robust sind wie die teureren Modelle.

Wenn ihr den Fehler macht und voreilig eine unkomfortable, unsichere oder anderweitig unbrauchbare Vorrichtung kauft, dann habt ihr am Ende einen teuren Briefbeschwerer (diese Dinge kann man aus offensichtlichen Gründen üblicherweise nicht umtauschen). Gleiches gilt, wenn ihr euch etwas kauft, bevor ihr euch als Paar klargeworden seid, dass ihr wirklich die männliche Keuschheit in eure Beziehung einbringen wollt.

Bevor ihr also auf Einkaufstour geht, macht die zwei Übungen, die im Anschluss beschrieben sind. Je mehr dein Mann darauf aus ist, dass du seine Schlüsselhalterin wirst, desto kooperativer wird er dabei sein und desto einfacher werdet ihr die Übungen empfinden.

Beide Übungen erfordern sexuelle Selbstkontrolle (der freiwilligen Art) von seiner Seite. Die Übungen schließen einander nicht aus, es ist am natürlichsten, sie gleichzeitig durchzuführen.

Erste Übung: Freiwillige Keuschheit

In der ersten Übung unterwirft sich dein Mann freiwilliger Keuschheit. Ohne eingesperrt zu sein, wird er so tun, als wäre er es. Er wird sich jeglicher Masturbation, Selbststimulation oder sonstiger erotischer Aktivität enthalten, außer er hat deine ausdrückliche Erlaubnis.

Das kann durchaus schwierig für ihn sein. Besonders, wenn (eher unwahrscheinlich) du es bist, die ihn zu diesem Lifestyle überreden möchte, könnte er die freiwillige Keuschheit verweigern.

Du hast aber ein sehr überzeugendes Argument auf deiner Seite: Du kannst dafür sorgen, dass es sich für ihn lohnt. Nimm dir die Zeit und sei *wirklich* erotisch mit ihm. Mach ihn an, so gut du kannst. Binde ihn fest, falls ihr das in eurem Schlafzimmerprogramm habt (das macht es einfacher, ihn davon abzuhalten, die Führung zu übernehmen und sich den erwünschten Orgasmus zu besorgen).

Reize ihn bis zum Ende seines Durchhaltevermögens, dann lass ihn wieder runterkommen. Wiederhole das, aber nicht bis zu dem Punkt, nach dem du aufwischen musst.

Lass ihn dich befriedigen. Lass ihn darum betteln, dich befriedigen zu dürfen. Wenn er es tut, zeig ihm, wie sehr du es genießt; lass ihn den Effekt, den seine Bemühungen (und die Situation) auf dich haben, deutlich spüren.

Dann nimm eine Auszeit. Sag ihm, dass er an diesem Abend nicht dran ist, dass der Gedanke, dass er ohne Befriedigung (nicht zu vergessen total frustriert) einschlafen muss, dich erregt, und dass du ihn für den Morgen aufsparen willst…

Am Morgen tu es wieder… aber überlege es dir diesmal zweimal, ob du ihn wieder frustriert lassen möchtest (außer du bist dir ganz sicher, dass es richtig ist).

Nach einigen solchen Sitzungen könnte es sein, dass er die Kraft der hinausgeschobenen Befriedigung versteht, und er ein Gefühl dafür bekommt, wie viel erotischer Spaß auf ihn warten könnte, wenn er mitmacht.

Oder eben nicht, und dann habt ihr euch den Aufwand an Zeit und Geld gespart, eine passende Vorrichtung auszusuchen und zu kaufen. Denn männliche Keuschheit passt nicht für alle; genauso, wie er deine Wünsche respektieren muss, wenn du entscheidest, dass es nichts für dich ist, musst du seine respektieren (aber versuch trotzdem, ihn zu überreden; im schlechtesten Fall habt ihr beide eine Menge Spaß gehabt!).

Das obige Szenario geht davon aus, dass dein Mann noch ein zögerndes Keuschheits-Subjekt ist. Wie wir aber gesehen haben, ist es eher so, dass er die Idee eifrig annimmt und versucht, dich zu überreden. Falls er dich bittet, seine Schlüsselhalterin zu werden, dann sollte er diese Übung für dich machen können. Er sollte imstande sein, ein paar Tage oder vielleicht zwei Wochen ohne Orgasmus auszukommen.

Wenn er *glaubt,* dass er keusch gehalten werden möchte, aber diese Übung nicht durchhält, dann musst du dir die Frage stellen, wie er mit dem Versperrtsein zurechtkommen will. Wenn er diese Übung nicht mitmachen kann... nun, dann musst du deine eigenen Schlüsse ziehen.

Es ist natürlich möglich, dass er die eiserne Sicherheit von Schloss und Schlüssel braucht, um der Versuchung seines eigenen Fleisches zu widerstehen. Angesichts der intimen Natur dieses Spiels wirst du selbst am besten beurteilen können, ob das der Fall ist.

Zweite Übung: Keuschheitstagebuch

Die zweite Übung erfordert, dass dein Mann während der Zeit seiner freiwilligen Keuschheit ein Tagebuch führt, wo er festhält, wie erregt und frustriert er sich jeden Tag fühlt.

- Erregung bezieht sich darauf, wie geil er sich fühlt.
- Frustration beschreibt, wie stark sein Wunsch nach Befriedigung ist.

Wenn es besondere Gründe für seine erotischen Gefühle an einem Tag gibt, sollte er das auch festhalten.

Erregung und Frustration sind nicht dasselbe; ein keusch gehaltener Mann kann unglaublich erregt sein, während er gleichzeitig die liebende Autorität seiner Schlüsselhalterin akzeptiert... und begehrt. Mit anderen Worten ist es für den Mann möglich, unglaublich erregt zu sein, aber es gleichzeitig vorzuziehen, weiter eingesperrt zu bleiben, so dass er zukünftig noch geiler wird.

Es kann aber auch sein, dass der Mann sich sofort furchtbar frustriert fühlt, obwohl er noch gar keine Zeit hatte, Erregung aufzubauen.

Da es keinen international anerkannten Standard für die Messung der männlichen Libido gibt, sollte dein Mann einfach Zahlen verwenden, die ihm angemessen erscheinen. Zum Beispiel kann er am ersten Tag (da sollte er sexuell befriedigt sein) eine 1 für Erregung und eine 1 für Frustration eintragen.

Angenommen, er ist am zweiten Tag ein wenig geiler, sollte er eine 2 und eine 1 eintragen, was bedeutet, dass er sich etwas erregter fühlt, aber noch nicht spürbar frustrierter, und so weiter.

Während der Übung zögere nicht, sexuell aktiv und anspruchsvoll mit ihm zu sein: Du willst die Wirkung deines

Verhaltens sehen. Reize ihn auf, wie in der ersten Übung, und erlaube ihm, dir so viele Orgasmen zu bereiten, wie du möchtest. Berühre und reize ihn im Gegenzug, aber natürlich solltest du aufhören, bevor er selbst einen Orgasmus hat.

Irgendwann, wenn er ehrlich ist und nicht schwindelt (und du musst ihm klarmachen, dass die Übung ohne totale Ehrlichkeit sinnlos ist), wird seine Erregung auf einer Ebene bleiben oder sich sogar verringern. Sein Gefühl der Frustration kann dann noch immer steigen (deswegen muss bei dieser Übung beides festgehalten werden).

Sobald dieses Plateau erreicht ist oder die Erregung fällt, belohne ihn mit einem Orgasmus. An diesem Punkt wird er wahrscheinlich mehrere in schneller Folge haben können.

Wiederholt diesen Zyklus, so oft ihr wollt, und dann beendet ihr das Experiment.

Was wirst du dabei erfahren haben?

Du wirst die Kurve seiner Erregung erkennen, Tag für Tag, während ihm die sexuelle Befriedigung verwehrt ist. Du wirst wissen, wie (relativ) frustrierend das für ihn war. Du wirst außerdem beobachten können, weil du viel Zeit mit ihm verbracht hast, ob er mürrisch wird oder dir die Verweigerung übelnimmt.

Du wirst jetzt wissen, wie er sexuell funktioniert, und gemeinsam seid ihr jetzt bereit zu entscheiden, ob ihr weiter gehen wollt.

Wahl der Vorrichtung

Die Wahl der Vorrichtung ist eine sehr persönliche Angelegenheit und ganz sicher etwas, was du gemeinsam mit deinem Mann tun solltest. Das Ziel ist es, ein Produkt zu finden, das gleichermaßen komfortabel, praktisch und sicher für ihn zu tragen ist, aus dem er nicht entkommen kann, das aus passenden Materialien gemacht ist (zum Beispiel wegen möglicher Allergien) und das auch gut aussieht.

Viele Modelle existieren, und mit der steigenden Popularität des Keuschheitsspiels kommen immer neue auf den Markt. Man muss sich bewusst sein, dass nicht alle so funktionieren, wie es der Hersteller angibt.

Wie wir schon bemerkt haben, sind Keuschheitsvorrichtungen teuer und allgemein nicht retournierbar, also sind Irrtümer eine kostspielige Angelegenheit. Und es geht da nicht nur ums Geld; wenn man etwas erhält, das nicht so funktioniert wie versprochen, kann das sehr enttäuschend sein, besonders da du und dein Mann sich sicher schon darauf gefreut haben. Daher solltet ihr euch Zeit lassen und recherchieren, bevor ihr eine Entscheidung trefft.

Lasst euch nicht davon abhalten, direkten Kontakt mit dem Hersteller oder Verkäufer aufzunehmen; sie bieten Produkte zu hohen Preisen an und sollten zu diesen Produkten stehen (wenn sie sich als nicht besonders hilfreich erweisen, dann ist das ein guter Hinweis, sich woanders umzusehen; wir reden hier nicht vom Kauf einer Packung Cornflakes).

Online Keuschheits-Foren sind ebenfalls ausgezeichnete Quellen für Berichte von Anwendern, die schon verschiedene Alternativen probiert haben; im Anhang A werden mehrere davon angeführt.

Welche Arten gibt es?

Es gibt eine breite Palette von Keuschheitsvorrichtungen am Markt, aber man kann sie in zwei große Kategorien einteilen, abhängig davon, wie sie am Körper des Trägers fixiert werden.

- Voll-Gürtel sehen aus wie die traditionelle Vorstellung eines mittelalterlichen Keuschheitsgürtels. Sie werden um Taille oder Hüfte des Trägers befestigt und tragen ein fixes Schild oder eine Röhre, die den Zugriff zum Penis verhindern.
- Keuschheitskäfige werden direkt an den Genitalien befestigt, üblicherweise durch einen Ring, der direkt am Unterleib sitzt und Penis und Hodensack umschließt. Eine Röhre oder ein Käfig für den Penis ist mit einem Schloss fix am Ring befestigt.

Voll-Gürtel

Wenn ihr euch dafür entscheidet, dann muss er für den Mann nach Maß gefertigt werden, und zwar nach Abmessungen, die durch den Hersteller, unter seiner Aufsicht oder genau nach seinen Angaben gemacht wurden. Ein ungenügend angepasster Gürtel wird klemmen, reiben oder scheuern; er kann sogar die Genitalien quetschen. Ein schlechtsitzender Gürtel wird wohl auch nicht sicher sein.

Da der Sitz des Gürtels perfekt sein muss, kann jede Gewichtszu- oder -abnahme bedeuten, dass er nicht nur die Hosen wechseln muss, und ein auf Maß gefertigter Keuschheitsgürtel kostet erheblich mehr als Hosen!

Anstrengende sportliche Aktivität ist schwierig oder sogar unmöglich, und ein solcher Gürtel ist unter eng sitzender Kleidung schwer zu verbergen.

Käfige

Diese werden üblicherweise nicht auf Maß gefertigt (obwohl einige Hersteller das anbieten). Manche werden mit unterschiedlich großen Ringen und Abstandshaltern geliefert, mit denen man den Sitz verbessern kann. Sie sind üblicherweise leichter unter der Kleidung zu verbergen und kosten weniger (obwohl auch sie durchaus ernsthaft auf die Brieftasche schlagen können).

Die besten Käfige werden auf Maß aus Metall wie Edelstahl gemacht, aber auch günstigere Alternativen aus Kunststoff sind erhältlich und verbreitet. Stahl wird sicher den Alarm auf Flugplätzen auslösen, daher ist Kunststoff (und Plastikschlösser) die bessere Wahl, falls dein Mann viele Reisen mit dem Flugzeug unternimmt.

Für ausreichenden Komfort und Sicherheit muss ein Käfig mehreren im Folgenden näher beschriebenen Anforderungen genügen.

Maßnehmen für den Ring

Der Ring muss genau passen. Zu eng, wird er die Genitalien einschnüren und möglicherweise langfristig zu einer Schädigung führen. Zu weit, wird er abrutschen.

Im Anhang B gibt es ausführliche Richtlinien, wie man die richtige Größe bestimmt. Falls der bestellte Ring sich als zu klein erweist, bestellt einen größeren. Schließe deinen Mann niemals in einen zu kleinen Ring ein.

Manche Käfige werden mit einem Satz unterschiedlich großer Ringe geliefert, was sehr hilfreich sein kann. Außerdem bieten manche einen Klappring, diesen kann man enger und daher sicherer anpassen als einen normalen Ring, der über Penis und Hodensack übergezogen werden muss.

Befestigung des Käfigs

Käfig und Ring müssen unbeweglich aneinander geschlossen werden. Die auf einen Ring gebauten Geräte funktionieren so, dass der Hodensack zwischen dem Ring und dem Käfig festgehalten wird; der Abstand muss groß genug sein, dass der Hodensack bequem hineinpasst, aber so eng, dass keiner der Hoden durchrutschen kann.

Falls der Spalt irgendwie vergrößert werden kann, wird der Käfig umso weniger sicher sein. Das bedeutet, dass die besten Designs mehrere Bolzen und Löcher haben, die Ring und Käfig verbinden, statt sich nur auf einen Ankerpunkt zu verlassen.

Varianten für Piercings

Eine Abart der Käfige baut darauf, dass der Penis mit einem Piercing versehen ist; diese Geräte sind so entworfen (oder haben spezielles Zubehör), dass sie ans Piercing geschlossen werden können.

Der Vorteil ist der, dass, selbst wenn der Mann wie Houdini aus einem normalen Käfig entkommen könnte, er es trotzdem nicht schafft, aus einer Röhre herauszukommen, die an seinem Piercing hängt.

Der Nachteil ist ganz offensichtlich, dass er ein Piercing braucht… etwas, das von einem speziell ausgebildeten Fachmann gemacht werden muss, und nichts für jedermann ist. Wie bei jedem Piercing ist richtige Nachbehandlung und Hygiene wichtig, um etwaige Infektionen zu vermeiden.

Wenn du und dein Mann glaubt, dass dies der richtige Weg für euch ist, dann *müsst* ihr euch die Zeit nehmen, das Thema ausführlich zu recherchieren… es handelt sich um eine sehr spezielle Fertigkeit, und sie ist auch auf entsprechende Ausrüstung (wie etwa ein gut gewarteter Autoklav für die Sterilisation) im Piercing-Studio angewiesen.

Es geht nicht, ganz einfach die gelben Seiten unter „Tattoo" aufzuschlagen und den Finger auf einen Eintrag zu legen; ihr müsst euch ausreichend informieren, damit ihr eine gute Wahl treffen könnt bei dem, was ihr vorhabt. Ein erfahrener Piercer wird euch über das Piercing und die erforderliche Nachbehandlung beraten können, und er wird die Prozedur sauber und hygienisch ausführen.

Ebenso sorgfältig müsst ihr bei der Wahl des Käfigs sein. Diese Röhren wiegen einige Gramm; das mag nicht viel erscheinen, aber das ist mehr, als an einem einzelnen Piercing hängen darf. Aktuelle Ausführungen haben auch einen Ring, der die Röhre mit trägt. Es ist wichtig, dass so ein Gerät genau angepasst wird, damit das Gewicht so verteilt ist, wie es sich der Erzeuger vorgestellt hat.

∞

Ganz gleich, für welche Ausführung ihr euch entscheidet, besprecht eure Anliegen mit dem Hersteller, *bevor* ihr Geld ausgebt, und kauft nichts, bevor alle Fragten zufriedenstellend geklärt wurden.

Sobald ihr eure Vorrichtung erhalten habt, folgt den Anweisungen des Herstellers; du musst ein Auge auf deinen Mann haben, während er sich daran gewöhnt. Er muss es dir unbedingt sofort sagen, falls er ein Problem hat. Wenn es schmerzt, ist irgendwas falsch; du möchtest keinesfalls, dass er aus falsch verstandenem Mut etwas erträgt, das ihm Schaden zufügt.

Bauform mit Handschellen

Einige der preiswerteren Designs werden aus der Hälfte einer typischen Polizei-Handschelle gebaut. Die Schelle übernimmt die Rolle des Rings, der hinter den Genitalien festgemacht wird. Ansonsten sind diese Designs gleich mit anderen Käfigen.

Es gibt einige offensichtliche Vorteile: Man kann sie einfach anlegen, und man braucht keine genaue Messung, denn die Schelle kann an genau jenen Durchmesser angepasst werden, den dein Mann braucht.

Außerdem sind solche Produkte meist zu einem geringeren Preis erhältlich, weil nicht alles von Hand gefertigt werden muss. Aber sie haben auch ihre Nachteile:

- Wenn sie einmal geschlossen sind, sind diese Schellen nicht fixiert; falls sich die Zusatzverriegelung löst, während dein Mann eingeschlossen ist, kann sich die Schelle weiter schließen. Wenn dann der Schlüssel nicht greifbar ist ... ich glaube nicht, dass ich das weiter ausführen muss.

- Polizei-Handschellen werden aus flachem Stahl gemacht. Deswegen haben sie, im Unterschied zu einem speziell angefertigten Ring, scharfe Kanten, die ein längerfristiges Tragen sehr unbequem machen können.

- Die Verriegelung bei solchen Handschellen kann sehr einfach auszutricksen sein, und im Versandhandel kann man das vorher nicht prüfen. Professionelle Ausführungen (wie sie auch die Polizei benutzt) sind eher ausbruchssicher... aber auch entsprechend teuer. Wenn man schon viel Geld ausgibt, dann sollte man ein individuell gefertigtes Gerät in Betracht ziehen.

Die angeführten Nachteile bedeuten, dass so ein Käfig eher nicht für die langfristige Verwendung geeignet ist, sondern eher als Spielzeug verwendet werden kann.

Andererseits bieten sie eine ökonomische Alternative, und sie können die richtige Wahl sein, wenn ihr euch nur mit ein wenig Spiel unter Aufsicht oder zum Experimentieren damit beschäftigen wollt, ohne mehrere hundert Dollar (Euro) dafür auszugeben.

Die Wahl treffen

Die Wahl zwischen den zwei Haupttypen (Gürtel oder Käfig) ist sehr individuell – die ihr, basierend auf Aussehen, Kosten und Zweckmäßigkeit, selbst treffen müsst.

Manche Paare werden das traditionell „mittelalterliche" Aussehen und die starke Aussagekraft eines vollen Gürtels vorziehen. Andere werden die Wirtschaftlichkeit und die Unscheinbarkeit eines Käfigs schätzen. Die Frage, ob man sich den Aufwand und die Kosten einer Maßanfertigung antun will, wird auch eine Rolle spielen.

Wie auch immer eure Wahl aussieht, es ist wichtig, sich vorher ausreichend zu informieren. Seht euch nach Kritiken und Berichten um, fragt den Hersteller (und Anwender, falls ihr sie in Foren trefft) und greift nicht zur Kreditkarte, bevor ihr euch sicher seid. Informationen zu Herstellern und Foren findet ihr im Anhang A.

Das verschlossene Leben

Dass du deinen Mann keusch hältst, wird einen grund-
legenden Wandel in eurer erotischen Beziehung bringen,
und möglicherweise auch außerhalb:

- Da ihm andere Ventile für seine sexuelle Energie vorenthalten werden, wird sich seine Aufmerksamkeit
vermehrt dir zuwenden... sowohl die romantische wie
auch die erotische. (Wenn dir das nicht behagt, solltest
du es gar nicht in Erwägung ziehen, ihn keusch zu halten!)

- Du wirst ihm auch mehr von *deiner* Aufmerksamkeit
schenken müssen. Trotz aller Fantasien über wochen-
oder monatelange Keuschhaltung, die er (oder du) hat,
wird es notwendig sein, ihn regelmäßig aus gesund-
heitlichen Gründen und solchen der Hygiene aufzusperren.

- Du musst sicherstellen, dass er dir irgendwelche Probleme, die er mit der Vorrichtung hat, mitteilt.

- Wenn du wirklich möchtest, dass die Funken fliegen,
solltest du seine romantische und erotische Aufmerksamkeit in vollem Umfang erwidern. Dass er sich dir
unterworfen hat, bedeutet nicht, dass er jetzt kein voll-
blütiger Mann mehr ist; die simple Tatsache, dass er verschlossen ist, mag ihm zu Anfang genügen, aber was er
wirklich braucht, ist es, einer liebevollen, ihn aufreizen-
den, sexuell anziehenden Schlüsselhalterin ausgeliefert
zu sein, die erotische, sinnliche und andere Forderungen an ihn stellt – auch wenn sie es vorziehen mag, ihn
die meiste Zeit unter Verschluss zu halten.

- In der Regel wird die Entscheidung, ob Sex stattfindet, deine sein. Er wird dir vielleicht deswegen in den Ohren liegen (oder regelrecht darum betteln), aber du brauchst nichts zu gestatten, außer du bist wirklich in der Stimmung dafür. Und du musst ihm auch das Betteln nicht erlauben.

- Du bist verantwortlich für die sichere Aufbewahrung der Schlüssel, und dafür, dass es einen Notschlüssel gibt (siehe den Abschnitt *Gesundheit, Hygiene und Sicherheit*, seite 37).

⊕

Die Vorstellung, dass es in einer komfortablen, vertrauten Beziehung zu Änderungen kommt, mag abschreckend erscheinen. Bedenke aber, dass es im Bereich des Romantischen und Intimen auch zu viel „Komfort" und „Vertrautheit" geben kann. Trotzdem wirst du feststellen, dass das Leben in den meisten Bereichen eurer Beziehung, falls du nicht absichtlich auf große Änderungen aus bist, weitergeht wie bisher.

Sicher wirst du feststellen, dass eure Beziehung mehr erotische Spannung enthält, ganz einfach aus der Natur dessen, was ihr eingeführt habt. Das ist nicht mehr als eine Steigerung dessen, was schon vorhanden war (wenn ihr euch nicht sexuell begehren würdet, dann würdet ihr auch nicht mit „perversen" Sexspielzeugen herumspielen, oder?).

Die bedeutendste Änderung im „erwachsenen" Teil eurer Beziehung wird wohl das wiedergewonnene Bedürfnis deines Mannes sein, dir zu gefallen und sich deine Anerkennung zu verdienen. Wenn du das Gefühl hattest, er nehme dich einfach für gegeben; wenn euer Leben nicht mehr so romantisch und leidenschaftlich war... dann könnte sich sehr wohl einiges ändern.

Davon abgesehen, wird die Einführung der Keuschhaltung keinen Gezeitenwechsel in eurem alltäglichen
Leben herbeiführen. Sie kann einen solchen Wechsel herbeiführen, aber es ist nicht notwendig. Im Abschnitt *Über
das Schlafzimmer hinaus* (seite 83) findest du Informationen
über weitreichendere Änderungen, die die Keuschhaltung
einleiten kann, falls du das möchtest.

Das Thema Keuschhaltung wird zu Anfang in euren
Unterhaltungen auftauchen (dein Mann wird es sicherlich
interessant finden, denn er ist es, der die intimen und psychologischen Auswirkungen des Verschlusses aus erster
Hand erlebt).

Du musst es nicht zulassen, dass daraus eine Beses-
senheit wird: Die Keuschhaltung definiert eure Beziehung
nicht, sie ist eine Erweiterung. Falls notwendig, zieh einen
Strich und mach ihm klar, dass er kein Wort darüber ver-
lieren soll, außer er hat ein echtes Problem zu berichten...
oder du wirst ihn weit länger unbefriedigt lassen, als du es
ursprünglich vorhattest.

Gesundheit, Hygiene und Sicherheit

Wenn sich dein Mann der Keuschheit unterwirft, verliert
er dadurch zum Teil die Möglichkeit, alleine für seine Hygiene sorgen zu können. Meistens kann er das durch mehr
zeitlichen Aufwand, den Gebrauch von Wattestäbchen,
einen speziellen Brausekopf und so weiter ausgleichen.
Trotzdem wirst du dich in diesen Teil seines Lebens mehr
einbringen müssen als vorher.

Zum Beispiel wirst du, trotz anderer Hilfsmittel, für
einen regelmäßigen Aufschluss sorgen müssen, damit er
(und die Vorrichtung) ordentlich gereinigt werden können.
Der Aufschluss kann mit oder ohne Aufsicht erfolgen, je
nachdem, ob du ihm zutraust, sich zu benehmen, während

er aufgeschlossen ist. Du kannst die Gelegenheit für ein gemeinsames Bad oder eine gemeinsame Dusche nützen, wenn du ein Auge auf ihn haben willst. Lass dir dabei gleich den Rücken schrubben.

Es ist wichtig, dass dein Mann in einem Notfall die Vorrichtung abnehmen kann. Bist du anwesend, kannst du ihn aufschließen... aber es gibt unweigerlich Zeiten, wo ihr nicht zusammen seid. Wenn du ihn dann keusch hältst, musst du für einen „Notausgang" Sorge tragen... eine Methode, mit der er sich befreien kann, falls es unbedingt notwendig ist, jedoch so, dass er das nicht einfach tun kann, wenn ihm grade danach ist.

Die meisten Vorrichtungen werden mit einem Reserveschlüssel geliefert (wenn das nicht der Fall ist, dann überlege dir die Konsequenzen, wenn du den einzigen Schlüssel verlegst oder verlierst). Sorge immer dafür, dass der Reserveschlüssel an einem sicheren Ort (den ihr beide kennt) verwahrt ist, wo er nicht verloren gehen kann.

Dieser Reserveschlüssel ist natürlich nicht dazu da, dass ihn dein Mann benutzt, wann immer er möchte; das würde den ganzen Zweck der Keuschheit zunichtemachen.

Stattdessen hinterlege den Schlüssel in einem „Schlüsselsafe". Das kann jede Art von Behältnis sein, welches du so versiegeln kannst, dass eine Öffnung klare Spuren hinterlässt. Die einfachste und billigste Methode ist ein Umschlag, den du zuklebst, versiegelst und durch eine Unterschrift kennzeichnest. Wenn du diesen Umschlag an einer vorher vereinbarten Stelle hinterlegst, kann dein Mann die Vorrichtung im Notfall abnehmen... aber du wirst wissen, dass er es getan hat, und dann sollte er einen triftigen Grund vorweisen können.

Als Alternative kannst du den Schlüssel in einer leichten, versperrbaren Schachtel unterbringen, zu der du den einzigen Schlüssel hast. Im Notfall kann man die Schachtel zerstören, was dir auch nicht verborgen bleiben wird.

Manche Schlüsselhalterinnen verwenden gar keine Schlüssel. Stattdessen verwenden sie nummerierte Einwegschlösser aus Kunststoff. Sobald diese verschlossen sind, kann man sie nur noch öffnen, indem man sie aufschneidet oder zerbricht. Durch die Nummer (und weil du den Vorrat kontrollierst) ist es offensichtlich, wenn er in einem Notfall das Schloss geöffnet hat.

Einwegschlösser sind sicher nicht umweltfreundlich, und die Kosten werden sich mit der Zeit summieren. Die Lieferanten keuschheitsbezogener Waren wissen, dass sie in einem speziellen Feld tätig sind und setzen die Preise entsprechend an. Außerdem könnte es sein, dass Plastikschlösser deinem Mann nicht jenes „sichere" Gefühl geben, nach dem er sich sehnt.

Kunststoff hat aber einige Vorteile, der wichtigste ist wohl der: Wenn du deinen Mann in einem Metallkäfig oder -gürtel durch einen Sicherheitsscanner am Flughafen schickst... lass uns mal sagen, da könnten ihn einige peinliche Fragen erwarten, wenn er durchsucht wird.

Wenn ihr euch für Kunststoffschlösser entscheidet, bedeutet das auch, dass ihr euch nicht um einen Schlüssel kümmern müsst und nichts Wichtiges verloren gehen kann, was ein anderes Argument dafür ist, so ein System zu verwenden, wenn dein Mann während einer Reise keusch gehalten wird.

Leichte Schlösser aus Metall (wie sie meistens mit den Vorrichtungen mitgeliefert werden) können im Notfall aufgeschnitten werden, wenn dein Mann einen Bolzenschneider in Griffweite hat und damit umzugehen weiß. Wenn der Schlüssel verloren geht und das Schloss aufgeschnitten werden muss, dann achtet auf entsprechenden Schutz der Augen und des Körpers vor herumfliegenden Teilen.

Vorrichtungen mit einem integrierten anstatt eines auswechselbaren Schlosses sind eine andere Angelegenheit; auch wenn man die Vorrichtung ohne Verletzung des Trägers aufschneiden kann, so zerstört man doch ein teures, maßgefertigtes Stück statt eines leicht ersetzbaren Vorhängeschlosses. Unterm Strich ist es besser, einen Notschlüssel an einem sicheren Ort zu haben.

Sichere Verschlusszeiten

Wie zu erwarten, stehen die Wissenschaftler nicht Schlange, wenn es darum geht, die Frage zu klären, wie lang man einen Mann ohne Ejakulation oder volle Erektion einschließen kann, ohne dass er einen Schaden davonträgt.

Jüngere Forschungen führen zu der Annahme, dass eine häufige Ejakulation im frühen Erwachsenenalter den Mann vor Prostataproblemen im Alter schützt. Das lässt schließen, dass ein Mann, der über längere Zeiträume etwas trägt, was Orgasmen verhindert (oder der aus anderen Gründen davon Abstand nimmt, zu ejakulieren), auf lange Sicht das Risiko für seine Gesundheit vergrößert.

Mit steigender Popularität der männlichen Keuschheit erscheinen im Internet Geschichten von Schlüsselhalterinnen, die ihren Männern ausgedehnte Perioden der Enthaltsamkeit auferlegen … Monate, oder sogar Jahre am Stück. Falls diese Geschichten wahr sind (und die meisten sind sicherlich nicht mehr als fantasievolle Produkte männlicher Wunschvorstellungen), dann könnten die, die sie erleben, das noch bereuen.

⊕

Bei jedem Mann ist die Libido anders, und sie ist im Lauf der Jahre Veränderungen unterworfen.

Ein Achtzehnjähriger wird zum Beispiel zweimal am Tag oder öfter einen Höhepunkt haben. Wenn er dann in seinen Fünfzigern ist, könnte derselbe Mann auf zweimal pro Woche kommen. Wegen seiner stärkeren Libido wird der Achtzehnjährige nach zwei oder drei Tagen Keuschheit vor lauter Frustration die Wände hochgehen, während der Fünfzigjährige ein paar Mal so lange braucht.

Daher müsst ihr selbst entscheiden, was für euch gut ist… und ihr solltet nicht die Extreme suchen (selbst wenn es in seinen, oder deinen, Fantasien ist), außer ihr habt euch ausreichend über die potenziellen Risiken informiert und habt eine Strategie, mit ihnen umzugehen.

Manche Paare, die Keuschheit praktizieren, verwenden die Prostatamassage, um das Fortpflanzungssystem des Manns regelmäßig „durchzuspülen", im Bestreben, langfristige Gesundheitsrisiken zu vermeiden. Obwohl sich das für den Mann durchaus angenehm anfühlt, führt es doch nicht zu der explosiven Erleichterung wie ein Orgasmus.

Wenn man das richtig an einem gesunden Mann praktiziert, kann es von Vorteil sein, aber es ist nicht ganz ohne Risiko. Die Massage muss sehr sanft angewendet werden und ist nicht ratsam, wenn der Mann bereits ein bestehendes Problem mit der Prostata hat.

Die fragliche Drüse erreicht man am besten durch das Rektum, was bedeutet, dass das nicht jede Frau machen will. In diesem Buch wird die Massage nicht im Detail beschrieben, aber falls ihr mehr dazu erfahren wollt, dann könnt ihr genug Informationen online in den diversen Foren finden (siehe Anhang A), oder wenn ihr nach Prostatamassage sucht.

Wie schon angeführt, sind die genauen Auswirkungen längerer Enthaltsamkeit auf die männliche Physiologie nicht wirklich gut untersucht. Daher ist es wichtig, den gesunden Menschenverstand walten zu lassen und auf Nummer sicher zu gehen.

Zum Beispiel könnte ein längeres Verbleiben im Käfig oder Gürtel ohne die Möglichkeit einer Erektion dazu führen, dass die Haut des Penis ihre natürliche Elastizität einbüßt… sicher nicht, was ihr wollt.

Da es keine ausreichenden medizinischen Studien gibt (und welcher Wissenschaftler könnte eine solche Arbeit rechtfertigen oder Freiwillige dafür finden?), müsst ihr mit eurem gesunden Menschenverstand arbeiten. Fantasie ist eine Sache, die Realität ist dort, wo du und dein Mann zu Hause sind. Wenn es um die Gesundheit seiner „männlichen Teile" geht, müsst ihr keine unnötigen Risiken eingehen, um unerforschtes Neuland als Erste zu betreten.

Also bleib auf der sicheren Seite und erlaube regelmäßige Aufschlüsse (Entlassung aus der Vorrichtung bedeutet nicht automatisch Entlassung aus der Keuschheit: Es gibt keinen Grund, ihm einen Orgasmus zu bescheren, bloß weil du eine Erektion verursachst).

Wenn du ihn regelmäßig aufsperrst, um ihm eine gehörige Portion „Tease and Denial" angedeihen zu lassen, sorgst du automatisch auch dafür, dass er das „Stretching" bekommt, das er für ein gutes Funktionieren braucht, und gibst auch seinem „hydraulischen System" Gelegenheit zum Training. Zusätzlich verhilfst du ihm zu einer wunderbar frustrierenden erotischen Erfahrung.

Die obigen Ausführungen haben sich hauptsächlich mit den Auswirkungen unterschiedlich langer Perioden der Keuschheit auf die physische Gesundheit deines Manns befasst. Innerhalb der Grenzen, die die Gesundheit und Sicherheit vorschreibt, wird sich der „Fahrplan" nach euren (deinen und seinen) erotischen Bedürfnissen richten; wir werden auf dieses Thema im Teil drei dieses Buches, Das erotische Spiel mit der Keuschheit, zurückkommen.

Keuschheit und Sport

Heftige körperliche Betätigung kann selbst bei einer bestens angepassten Vorrichtung dazu führen, dass es reibt, zwickt oder ihn einschnürt, daher ist es besser, auf der sicheren Seite zu bleiben und deinen Mann für die Dauer der sportlichen Aktivitäten aufzuschließen.

Was genau möglich ist und was nicht, hängt von seiner Anatomie, dem Design der Vorrichtung und den Anforderungen der einzelnen Sportart ab. Einfaches Laufen kann mit einem leichten Käfig durchaus möglich sein, während eine Kontaktsportart schon eine ganz andere Sache ist. Es ist ja nicht so, dass ein Sportler seine Schlüsselhalterin ins Stadion rufen kann, wenn er Probleme spürt.

Auch ein leichtes, genau sitzendes und sehr komfortables Gerät kann seinen Träger sehr anfällig für Sportverletzungen machen. Ein Schlag auf die Hoden ist immer schlimm für einen Mann, wenn die Hoden dann auch noch gegen Metall oder Plastik gedrückt werden, kann es viel, viel schlimmer werden.

Auch beim Radfahren, Reiten und anderen Sportarten, wo die Vorrichtung zu übermäßigem Druck führen kann oder wo es zu einer Beschränkung der notwendigen Bewegungsfreiheit kommen könnte, ist Vorsicht angesagt.

Lasst euch immer vom gesunden Menschenverstand führen. Hör auf deinen Mann und kümmere dich um Probleme oder Bedenken, die er hat. Hier sollte man keine Risiken eingehen. Wenn dein Mann einen Sport betreibt, der einfach ungeeignet für das Tragen seiner Keuschheitsvorrichtung ist, dann musst du ihn während des Sports aufschließen.

Wenn du deinen Man für unbeaufsichtigten Sport (oder einen anderen Anlass) aufschließt, dann musst du ihm natürlich vertrauen, dass er dein Vertrauen (und sich selbst!) während des „Freigangs" nicht missbraucht.

Du kannst das als eine Auszeit für einen bestimmten Zweck betrachten, wo du von ihm erwartest, dass er sich danach wieder dem Verschluss unterwirft... im selben keuschen Zustand wie beim Aufschluss.

Wenn du den Verdacht hast, dass es nicht so ist – wenn er gesättigt, uninteressiert oder unwillig erscheint, sich wieder einschließen zu lassen – dann hör dir seine Erklärungen an, zieh deine Schlüsse und tue, was du für richtig hältst. Der vierte Teil dieses Buches enthält Ratschläge, wie du mit Unaufrichtigkeit und Widerstand von seiner Seite umgehen kannst.

DRITTER TEIL
Das erotische Spiel
mit der Keuschheit

Erotische Spiele

Was kann wohl intimer sein als die verschiedenen erotischen Spiele, die Liebende miteinander spielen? Sex-Spiele
sind zutiefst individuell: Details, Variationen, Einfallsreich-
tum solcher Spiele liegen ganz beim ausführenden Paar.
Warum sollte daher ein Buch wie dieses überhaupt ein Kapitel über erotische Spiele beinhalten?

Falls ein Grund, warum du dies liest, dein Wunsch ist,
den sexuellen Fantasien deines devoten Mannes nachzuge-
hen, dann wirst du wohl einige Fragen zu den spielerischen
wie auch praktischen Aspekten seiner Keuschheit haben. In
diesem Teil des Buches werde ich versuchen, basierend auf
meinen eigenen Erfahrungen und Recherchen, einige dieser Fragen zu beantworten.

Auch wenn du diejenige bist, die seine Keuschheit in die
Beziehung einbringen möchte, und auch wenn du schon einige Ideen hast, was du machen möchtest und wohin die
Reise gehen soll, kannst du in diesem Kapitel trotzdem etwas an Hintergrundwissen finden und entdecken, welchen
Einfluss verschiedene Arten des Keuschheitsspiels auf deinen devoten Mann haben.

Eine heterosexuelle Beziehung, die erzwungene männliche Keuschheit mit einschließt, ist definitionsgemäß eine
Manifestation männlicher Unterwerfung und weiblicher
Dominanz. Das mag dir beim Kauf dieses Buchs nicht klar
gewesen sein, aber du befindest dich jetzt auf dem Weg, so
etwas wie eine Domina zu werden. Du musst deswegen
nicht in Lederkleidung und mit einer Reitgerte herumlau-
fen; es bedeutet, dass du mit seinem Schlüssel auch neue
Befugnisse übernommen hast. Wie weit du deine Macht
ausnutzt, liegt ganz an dir.

Fantasie und Realität

Wenn dein Mann devot ist (und das trifft auf eine erstaunlich hohe Zahl zu, wie wir schon festgehalten haben), dann hat er wahrscheinlich spezifische erotische Fantasien im Zusammenhang mit Dominanz und Unterwerfung, die über die simple Keuschhaltung hinausgehen.

Vielleicht drehen sich seine Fantasien um eine grausame Herrin, die sich entsprechend kleidet (Leder, Latex und hochhackige Schuhe sind da sehr beliebt) und ganz bestimmte Handlungen an ihm vornimmt oder ihm solche befiehlt. Diese Fantasien können Demütigungen, Erniedrigungen, Unannehmlichkeiten und sogar Schmerzen beinhalten.

Crossdressing (Frauenkleider) und sogar Windeln können eine Rolle spielen.

Es geht mir nicht darum, welche Fantasien dein Mann hat oder nicht, sondern darum, *dass* er Fantasien hat, die sich mit großer Sicherheit auf gut bekannten Pfaden bewegen. Seine Fantasien können sich von Zeit zu Zeit ändern, und wenn ihm etwas Neues einfällt, das für ihn funktioniert, dann wird es Teil seiner regelmäßigen Fantasien werden.

In der idealen Welt seiner Vorstellung passieren diese Szenarien wie nach Drehbuch in der Realität – er hätte die Möglichkeit, sie auszuleben. In *deiner* Welt hingegen wird er wahrscheinlich versuchen, dir einige dieser sehr spezifischen Fantasien unterzuschieben oder aufzudrängen.

Für viele Frauen wird es ein Problem darstellen, einige oder alle Fantasien ihres Mannes in die Realität umzusetzen. Wenn er möchte, dass du ihn peitschst, ihn wie ein Dienstmädchen oder ein übergroßes Baby anziehst, und dich das kalt lässt – was wirst du tun?

Ein Hinweis: Er ist eingesperrt in der Keuschheitsvorrichtung; du hast den Schlüssel. Das macht dich zum „Chef".

Hast du nicht ein paar eigene Fantasien? Wenn ja, warum kümmerst du dich so viel um seine? Deine Rolle ist nicht die eines Drehbuchschreibers oder Kostümschneiders, während du seine Fantasien zum Leben erweckst. Deine „Aufgabe" ist es, dafür zu sorgen, dass du (und damit er) Spaß dabei hast.

Du hast schon die Kontrolle über seinen Penis übernommen und damit sein wichtigstes devotes Bedürfnis erfüllt. Nachdem du ihm bereits diesen Gefallen tust, bist du nicht verpflichtet, seine weiteren „Perversionen" zu bedienen – und falls du es trotzdem tust, weil du ihn liebst, dann solltest du ihm klarmachen (tief drinnen *möchte* er, dass du es klarmachst), dass es deine Entscheidung ist, nicht seine.

Dass dein Mann sexuell devot ist, heißt, dass er dir die Kontrolle im Schlafzimmer überlassen möchte. Als Nebenprodukt seiner Unterwerfung hat er aber ausführliche Szenarien erfunden, in denen du ganz bestimmte Dinge mit ihm machst, während du (und/oder er) die passende Kleidung trägst (hochhackige Schuhe und Korsett zum Beispiel).

Wer hat dann *wirklich* die Kontrolle, wenn du diese Drehbücher ganz einfach durchspielst?

Er natürlich, und es ist genau das Gegenteil von dem, was er will, auch wenn ihm das nicht bewusst ist. Früher oder später wird er begreifen, dass er dich steuert, und dann wird die Magie dahin sein. Du hast eine Menge Sachen gemacht, die dich nicht anmachen, die ihm zu dem Zeitpunkt vielleicht sogar gefallen haben aber die er nicht wirklich wollte und brauchte.

Es ist nicht sein Fehler. Für den typischen devoten Mann

gibt es keine Möglichkeit, diesen Teil seiner Persönlichkeit in der realen Welt auszuleben, und daher ist die Fantasie sein einziger Weg zur Befriedigung.

Das Wichtigste an einer sexuellen Fantasie ist, dass man die Details ganz nach Belieben gestalten kann, daher ist es auch nicht überraschend, dass dein Mann Dinge einbaut, die ihn erregen. Während er sich darin ergeht (und dazu masturbiert), prägen sich diese Ideen immer weiter ein – und das ist ein Weg, wie ein sexueller Fetisch entstehen kann.

❧

„Wenn er das will", wirst du dir denken; *„wenn diese verdrehten Fantasien genug für ihn sind, warum sollte ich es nicht dabei belassen? Warum will er da Verwirrung stiften, indem er mich seinen Penis einsperren lässt und auch noch versucht, dass ich seine aktuelle Fantasie mit ihm auslebe?"*

Nun, diese *aktuelle Fantasie* ist ihm offensichtlich nicht genug – deswegen wendet er sich an dich. Um ehrlich zu sein, eine einzelne Stunde im Bett mit der geliebten Person schlägt jede ausdenkbare Fantasie.

Die Tatsache, dass er dich gebeten hat, seine Schlüsselhalterin zu sein – oder deinem Wunsch, ihn keusch zu halten, zugestimmt hat – bedeutet, dass er deinen Beitrag und deine Führung genauso begehrt wie deinen Körper.

Wenn du dich also mit seinen erotischen Fantasien beschäftigst, halte dich an folgende Punkte:

- Fantasien sind ein normaler Teil menschlicher Sexualität. Sie können stimulierend und erregend sein, aber keine Regel sagt, dass sie unbedingt in die Realität umgesetzt werden müssen.

- Wenn sie Realität werden, muss das nicht zur Gänze geschehen. Zum Beispiel kann das unanständige Ins-Ohr-Flüstern seiner Fantasie genauso stark auf ihn wirken wie die tatsächliche Ausführung.

- Wenn es etwas ist, das du nicht willst, und *er wirklich devot dir gegenüber ist*, dann wird er es auch nicht wollen.

- Eine Ergänzung dazu: Wenn er fixe Ideen hat, und er nur glücklich ist, wenn sie ausgelebt werden, ganz egal, ob du sie magst oder nicht, dann *glaubt* er wohl, devot zu sein, aber er irrt sich dabei.

- Tief im Innersten möchte dein Mann, dass du deine weibliche Sexualität eindeutig, selbstsicher und gebieterisch zum Ausdruck bringst. Wenn das, was du mit dieser Macht tust, nicht seinem Drehbuch entspricht – nun, warum sollte es?

- Wenn seine Fantasie auch dir gefällt, dann tu ihm von Zeit zu Zeit den Gefallen, wenn dir danach ist. Drücke dem Geschehen deinen Stempel auf, statt nur seinen Vorstellungen zu folgen, und lass es deutlich werden, dass eine Szene geschieht, weil *du* es so willst.

- Ein weiser Mann hat einmal gesagt: *„Wenn es Wahrheit wird, dann war es von Anfang an keine Fantasie."*

- Die Realität schlägt die Fantasie *immer.*

Der Verschluss

Frauen fällt es oft schwer, die innige und zwanglose Beziehung der Männer zu ihren Genitalien zu verstehen. Es gibt keine männliche Variante für „undamenhaftes Verhalten"; wenn sie allein sind (und oft auch in Gesellschaft), kratzen, ziehen und rücken sie ihre Genitalien zurecht, wie es ihnen gerade notwendig erscheint.

Das lässt sich zum Teil dadurch erklären, dass ein typischer Mann mehrere Erektionen am Tag hat, und noch einige mehr, während er schläft. Diese Erektionen fühlen sich gut für ihn an, und ein wenig Zurechtrücken macht das Gefühl noch besser.

Männer sind es auch gewohnt, ihren Penis jedes Mal in die Hand zu nehmen, wenn sie die Toilette oder die Dusche benutzen. Wenn sich ein Mann im Freien erleichtern muss, dann braucht er nur ein passendes Gebüsch, um sich dahinter zu stellen, und kann es laufen lassen.

Sobald du deinen Mann in einer Keuschheitsvorrichtung verschließt, gehen ihm diese beiläufigen und bequemen Handlungen verloren (die für ihn so natürlich, wie Sichkratzen sind).

Das bedeutet, dass das Zuschnappen des Schlosses, besonders beim ersten Mal, aber auch später, für ihn ein wichtiges Ereignis ist. Von jemandem, der sich kratzen kann, wie er will, wandelt er sich zu jemandem, der das nicht kann. Von jemandem, der sexuell unabhängig ist, zu jemandem, der sexuell in Besitz genommen wird.

Auf einer intellektuellen Ebene wird dein Mann natürlich wissen, was geschehen wird, aber nichts lässt es so verständlich werden wie der kalte Klick des Mechanismus: Sein Penis – das Symbol seiner Männlichkeit – ist nun für ihn unerreichbar, bis du es wieder zulässt.

Daher ist es natürlich, dass er einige tiefgreifende Emotionen empfindet.

Eins dieser Gefühle ist sicherlich ein sexuelles Hochgefühl. Er wird wahrscheinlich gleich erregt werden, was dir die Gelegenheit gibt, die einschränkende Wirkung der Vorrichtung aus erster Hand zu beobachten.

Tatsächlich kann es sein, dass ein devoter Mann schon beim Anblick der Vorrichtung (oder beim Gedanken daran) aufgeregt wird, und das kann beim Anlegen zu Problemen führen; denn ein Käfig, der klein genug ist, um diskret getragen zu werden (und eine Erektion zu unterbinden), wird sicher zu klein sein, um über die Erektion des Mannes gezogen zu werden.

Wenn das passiert, kannst du nur abwarten. Sag ihm, er soll an Baseball denken, und sobald sich eine Gelegenheit bietet, handle zügig. Etwas Schmierung kann helfen, den Käfig leichter anzubringen; jede Vorrichtung verhält sich da anders. Übung macht den Meister.

Das andere Gefühl, das dein Mann empfinden könnte, ist eine gewisse Beklemmung: *„Auf was habe ich mich da eingelassen?"*. Mach dir darüber nicht zu viele Sorgen: Oberflächliches Angstgefühl kann für einen Mann, der tief drin weiß, dass er sich in die Hände seiner geliebten, zuverlässigen, ihn liebenden Frau begeben hat, durchaus erotisch sein; die Tatsache, dass er es angeboten oder zugelassen hat, von dir eingesperrt zu werden, ist Beweis für dieses Vertrauen.

Es ist selbstverständlich, dass du nie einen Mann ohne seine Zustimmung einschließen darfst, oder jemanden, der nicht in der Lage ist, eine mündige Einwilligung zu geben.

Da es feststeht, dass du sein Vertrauen genießt, kannst du natürlich mit seiner erotischen Beunruhigung spielen.

Die Bemerkung, dass er seinen Penis jetzt für einige Zeit nicht sehen wird, kann angebracht sein.

Andererseits kannst du ihn, wenn du ihn beruhigen möchtest, berühren und streicheln und ihm sagen, wie sehr du seinen Penis vermissen wirst, und dass du dir wünscht, es müsste nicht für so lange sein (aber dass es nur zu seinem Besten ist).

Nachdem die „Verschluss-Zeremonie" damit erledigt ist, braucht man sich nicht weiter damit aufhalten. Wenn die erzwungene Keuschhaltung ein normaler Teil eures täglichen Lebens werden soll, dann brauchst du kein großes Aufhebens darum machen, es ist ja was ganz Normales, oder? Lass ihn seine Hosen hochziehen, den Bund schließen und seiner Arbeit nachgehen, so wie du deine tust.

Der keusche Mann

Was bedeutet es für eure tagtägliche Beziehung, wenn wir davon ausgehen, dass du deinen Mann immer oder meistens keusch hältst? Eure gemeinsame Zeit wird sich wohl nicht in eine Folge von langen erotischen Szenen wandeln; das mag zwar nach viel Spaß klingen (besonders für ihn), aber ihr habt noch immer euer alltägliches Leben, eure Jobs und Ziele, die es zu verfolgen gilt.

Daher wird die Tatsache, dass er eingesperrt ist, mit der Zeit in den Hintergrund treten – für ihn aber wird sie selten komplett verschwinden. Die Vorrichtung ist um seine empfindlichsten Körperteile geschlossen und er wird immer wieder daran erinnert werden. Und jedes Mal, wenn das passiert, wird er auch daran erinnert werden, wer sie kontrolliert – du.

Am meisten wird er sich der Vorrichtung bewusst sein, wenn er genug erregt wird, um eine Erektion hervorzurufen. Er wird natürlich keine richtige Erektion haben können, weil die Vorrichtung das verhindert. Diese Tatsache wird seine Aufmerksamkeit sofort auf seine Lage lenken und sie dort halten, bis die Erregung verfliegt.

Stell dir das vor: *Immer wenn er erregt ist, wird er an dich denken.* Wenn ihn etwas anmacht und du nicht da bist... wird er wünschen, du wärst bei ihm.

Männliche Libido und sexuelles Verhalten

Wie wir gesehen haben, steigt die männliche Libido mit dem Entzug. Je länger er keinen Orgasmus hat, desto geiler wird er. Und offensichtlicherweise steigt seine Libido auch, wenn er in der Nähe einer für ihn attraktiven Frau ist.

Zählt man das zusammen, wird es klar, dass seine Libido am meisten steigt, wenn man Entzug und Anziehungskraft kombiniert. Wenn die Frau, die er will, bei ihm ist, um ihn zu reizen und zu erregen, aber ihn weiter hinhält, statt sich seinen Begierden zu ergeben.

Wenn du seine Erregung und seine Frustration maximieren möchtest, musst du das im Auge behalten.

Hier kommen Necken, Berühren und besitzergreifendes Verhalten ins Spiel. Du hast ein ganzes Arsenal an subtilen Signalen zur Verfügung, die du ihm schicken kannst, wann immer du willst – nimm seine Hand, binde seine Krawatte, richte seinen Kragen oder berühre einfach seinen Rücken; all das kann ihm seine Lage, und deine Rolle dabei, ins Gedächtnis rufen.

Im Vertrauen, alles ist möglich. Kümmere dich ein bisschen um seinen Penis, oder besser, die Vorrichtung, in der er steckt. Erinnere ihn daran, wie ohnmächtig ihn das macht, und dass er sich gut benehmen sollte, wenn er da jemals wieder heraus will.

Unterstreiche die Vorrichtung dadurch, dass du sie berührst oder daran anstößt; es ist gut möglich, dass er das unglaublich erotisch findet. Beschränke dich nicht auf deine Hände: Benutze einen Stift, deinen Fuß, was gerade greifbar ist. Falls eure Beziehung seine Unterwerfung bis zu dem Punkt erforscht hat, wo eine Reitgerte bei der Hand ist, benutze sie!

❦

Das Bedürfnis deines keuschen Mannes, dir zu Gefallen zu sein und dir zu dienen, kommt aus seiner Unterwürfigkeit, die in direktem Zusammenhang mit seiner Sexualität steht und mit der Verweigerung steigt. Je länger er eingesperrt ist, desto mehr wird er sich um dich bemühen – obwohl du einen Punkt des „schrumpfenden Gewinns" erreichen kannst, an dem eine kluge Schlüsselhalterin ihren Mann befreien wird, um den Zyklus erneut zu beginnen.

In der Zwischenzeit wird er sich die Befreiung verdienen wollen – aber er wird nicht wollen, dass es einfach ist. Eine Belohnung, die man zu leicht erhält, hat weniger Wert, also lass ihn hart für deine Anerkennung arbeiten: Sie wird ihm mehr bedeuten, wenn er sie sich wirklich verdienen muss.

Lege fest, was du von ihm willst, präzise und kompromisslos. Er wird wahrscheinlich bevorzugen, dir auf sexuelle Art dienstbar zu sein, aber du musst das nur erlauben, falls und wenn du dazu bereit bist. Es geht um deine Wünsche, nicht um seine Fantasien. Was er sich wünscht zu tun und das, was du dir von ihm erwartest, muss nicht übereinstimmen… und rate mal, wer die Wahl hat?

Natürlich die Person mit dem Schlüssel! Du hast viele Möglichkeiten. Lass dich von ihm gemütlich massieren, oder lass dir ein duftendes Bad bereiten. Schick ihn um eine Flasche Sekt und ein Glas – oder zwei Gläser, wenn du teilen möchtest. Seht euch gemeinsam einen Film an, oder führt eine Unterhaltung… nur du weißt, was dir wirklich gefällt.

Versuche, nicht in eine Routine abzugleiten, wo du das Denken übernimmst und dein Mann sich wie ein folgsamer Roboter benimmt (du hast ihn ja nicht wegen seiner „robotischen" Qualitäten genommen, oder?). Stattdessen lenke ihn in die Richtung, die du haben möchtest. Ermuntere ihn, selbst zu denken, deine Wünsche vorauszusehen und deine Bedürfnisse zu erfüllen, bevor sie dir selbst bewusst werden.

Um das Geschenk des Schlüsselhaltens zu erwidern und sich das Privileg eines Aufschlusses zu verdienen, ist es für ihn doch am besten, wenn er letztendlich der beste Gefährte wird, der er nur sein kann.

Es gibt keinen Grund, warum du deinem devoten Mann nicht dabei helfen solltest, dieses Ziel zu erreichen.

Kontrolle über den Samenergus

Wenn einem gesunden Mann der Orgasmus über eine längere Zeit verwehrt wird, und du ihn dann befreist und ihm erlaubst, Sex zu haben, dann wird es nur sehr wenig Stimulation brauchen, ihn aufs Äußerste zu erregen, und auch nur wenig mehr, um ihn zum Höhepunkt zu bringen. Auch wenn er normalerweise nicht das Problem eines vorzeitigen Samenergusses hat, kann ihn eine längere Keuschheitsperiode so erregbar machen wie damals, als er seine „Jungfräulichkeit" verlor.

Natürlich gibt es keinen Grund für dich, nicht schon davor deine volle Befriedigung zu erhalten – durch seinen Mund oder andere Mittel – trotzdem kann es sein, dass sein erster Orgasmus zu schnell kommt, besonders, wenn du ihm diesen in dir erlaubst.

Statt das für ein Problem zu halten, kannst du es auch als Gelegenheit betrachten. Wenn dein Mann so viel aufgestaute sexuelle Energie in sich hat, dass er sich nicht mehr unter Kontrolle halten kann, dann wird er sie wohl nicht in einem Erguss erschöpfen.

Seine Erholungszeit (die sogenannte Refraktärphase) hängt von vielen Faktoren einschließlich Alter und Gesundheit ab, aber die Keuschheit wird diesen Zeitraum mit Sicherheit aufs Minimum verkürzen. Innerhalb weniger Minuten oder vielleicht nach ein paar Stunden, im schlechtesten Fall am nächsten Morgen, wird er wieder bereit sein.

Wenn er dir zu schnell kommt, nachdem du ihn befreit

hast, dann hast du viele Wege, ihm einen Orgasmus zu bereiten oder zu erlauben. Möglicherweise ist es besser, ein wenig abzuwarten, bevor du ihn genießt, so dass er sich ein wenig beruhigen und dir dafür seine ganze sexuelle Aufmerksamkeit widmen kann.

Natürlich ist der Geschlechtsverkehr nicht notwendig, außer du wünschst es so. Du kannst ihn regelmäßig in dir haben, oder du kannst das für besondere Anlässe aufheben, es liegt ganz an dir. Richte dich nach deinen Bedürfnissen als Schlüsselhalterin und danach, was für euch als Paar gut ist.

Manche Schlüsselhalterinnen bedienen sich eines Umschnalldildos, der an der Keuschheitsvorrichtung befestigt wird und dadurch eine Form des Liebesspiels ermöglicht, die dem normalen Geschlechtsverkehr ähnelt, aber ohne das Risiko eines verfrühten Endes.

Das eliminiert auch jede direkte Stimulation des Penis; die Schlüsselhalterin kann sich an ihrem Mann erfreuen, solange sie will, ohne ihn überhaupt aus der Keuschheit entlassen zu müssen.

Das mag sich jetzt grausam anhören, aber es ist ein für den devoten Mann überwältigendes Erlebnis.

Den Schlüssel verwalten

Als die Aufseherin über die Keuschheit deines Manns wirst du wahrscheinlich den Schlüssel jederzeit bei dir haben wollen, möglicherweise als Anhänger an einer Halskette. Damit hast du den Schlüssel immer in sicherer Verwahrung, so dass dein Mann keine Gelegenheit hat, sich seiner für ein bisschen heimliche Selbstbefriedigung zu bemächtigen.

Als Alternative kannst du den Schlüssel auch an einer Stelle aufbewahren, wo dein Mann keinen Zugriff hat, vielleicht in einer abgeschlossenen Schachtel.

Das hat den Vorteil, dass der Schlüssel nicht verlorengehen kann (die Schachtel kann man im Notfall immer aufbrechen). Allerdings verlierst du damit eine Möglichkeit, deine Autorität als Schlüsselhalterin zu zeigen.

Umgang mit seiner Libido

Für viele Schlüsselhalterinnen ist die Frage nach der Länge seines Verschlusses der interessanteste, irritierendste, frustrierendste oder faszinierendste (such dir ein Adjektiv aus) Aspekt der Keuschhaltung.

Innerhalb der Grenzen, die durch die Rücksicht auf seine Gesundheit gegeben sind (was wir schon behandelt haben), liegt die Häufigkeit seiner Aufschlüsse und Orgasmen ganz bei dir. Richte dich nach deinen Bedürfnissen und Wünschen, und beobachte die Auswirkungen, die es auf ihn hat. Blicke zurück auf die Ergebnisse seines Keuschheitstagebuchs und wie der anhaltende Entzug seine Libido und Frustration beeinflusst.

Bei einem zutiefst devoten Mann (mit anderen Worten, bei einem, der dich gebeten hat, seine Schlüsselhalterin zu werden, oder der eifrig auf deinen diesbezüglichen Vorschlag eingegangen ist), ist es besser, zu längeren Zeiten zu tendieren, als umgekehrt: Die Keuschheit dreht sich um lange Zeiten der Frustration. Das hört sich vielleicht hart oder grausam an, aber es ist das, was er will.

Dass du ihm die sexuelle Befriedigung verweigerst, bedeutet nicht, dass *du* nicht Sex haben kannst, oder ihm gegenüber zweideutige Anmerkungen machst oder eindeutige Spiele mit ihm spielst. Ein Mann, der auf Keuschheit abfährt, erhält viel Genuss und geistige Befriedigung aus erotischem Spiel, das ihm ausdrücklich *keinen* Orgasmus verschafft. Gib ihm doch die Möglichkeit, sich auf deine Orgasmen zu konzentrieren.

Bei einem weniger devoten Mann (mit anderen Worten, einem, den du überreden musstest oder der eher zurückhaltend zugestimmt hat, mit der Idee zu experimentieren) wirst du etwas vorsichtiger sein müssen; du solltest ihn nicht solange verschlossen lassen, dass er sich vernachlässigt oder übervorteilt fühlt und dir das ernsthaft übelnimmt.

Das heißt nicht, dass du ihm jedes Mal einen Orgasmus erlaubst, wenn er sich einen wünscht; das wäre dann etwas anderes als männliche Keuschheit. Glücklicherweise gibt es viele Wege, ihn zu ermutigen und zu motivieren. Für einen Mann, der auch nur eine kleine sexuell devote Ader hat, ist es schon eine Belohnung, wenn er dich verwöhnen darf. Du kannst diese Belohnung verstärken, indem du ihm zeigst, wie sehr du seine Bemühungen begrüßt und wie sehr du den Effekt, den die Keuschhaltung auf ihn hat, schätzt und genießt.

Der stärkste Motivator, der dir zur Verfügung steht, ist deine Fähigkeit, dich erotisch ihm gegenüber zu verhalten – ihn spüren zu lassen, wie du sexuell auf seine Lage ansprichst, und dass seine Keuschheit dich erregt. Das kann heißen, dass du ihm erlaubst, dich sexuell zu verwöhnen, oder dass du ihn einer ausgedehnten Sitzung aus Erregen und Verweigern unterziehst, oder es könnte auch nur eine einfache Berührung, ein geflüstertes Versprechen sein, was (oder wer) kommen könnte (oder nicht), oder eine Geste (such seinen Blick, während du mit dem Schlüssel spielst).

Seine Fähigkeit, seine Frau erregen und befriedigen zu können, ist das Herzstück seines sexuellen Selbstbewusstseins; wenn man die Männer davon überzeugen kann, teure Medikamente oder sehr geschmacklos aussehende Vergrößerungspumpen zu verwenden, um bessere Liebhaber zu werden, warum sollten sie dann nicht eine Keuschheitsvorrichtung benutzen, wo sie die Effekte aus erster Hand beobachten können?

Du hast also eine breite Palette von Belohnungen zur Hand (ohne überhaupt auf die letztendliche Belohnung durch einen Orgasmus zurückzugreifen), mit denen du seinen Sexualtrieb steuern kannst und ihn gleichzeitig seelisch – wenn auch nicht körperlich – befriedigst.

❧

Jeder Mann hat seine ureigene Libido, und jeder Mann wird auf die Frustration durch die Keuschhaltung unterschiedlich reagieren. Wenn ihm die sexuelle Befriedigung des Orgasmus verwehrt bleibt, steigt seine Libido, während er mehr und mehr erregt wird und sein Bedürfnis, einen Orgasmus zu haben, immer dringender wird.

Irgendwann wird sich seine Libido einpendeln: Ihn länger verschlossen zu lassen wird die Wirkung nicht weiter steigern (obwohl es einen psychologischen Effekt haben kann, wenn du ihm deine Macht über ihn demonstrierst; es gibt einen leicht erkennbaren Unterschied zwischen unerträglich geil für einen Tag und unerträglich geil für eine Woche).

Manche keusch gehaltenen Männer bevorzugen das Erstere, manche das Letztere und manche (die wirklich unterwürfigen) bevorzugen, was immer du machst.

Als Schlüsselhalterin brauchst du eine Methode, um den Effekt, den die Keuschhaltung auf deinen Mann ausübt, abzuschätzen und zu verstehen. Falls du ihn über die Grenze seiner Ausdauer frustrieren möchtest – wie kannst du das, wenn du nicht weißt, wie groß seine Ausdauer ist? Und wenn du ihn dafür belohnen willst, dass er dich zufriedengestellt hat, wie kannst du dann die passende Belohnung aussuchen, außer du hast ein Gefühl dafür, ob sein devotes Bedürfnis, weiter versperrt zu sein, seinen physiologischen Drang, einen Orgasmus zu haben, aufwiegt? Für manche Männer könnte es die größte Belohnung sein, wenn du dich *weigerst,* ihn aufzusperren, und ihm gleichzeitig stattdessen eine weitere Möglichkeit gibst, dir zu Diensten zu sein.

Das bringt uns zu dem Keuschheitstagebuch zurück, das er geführt hat, als ihr das alles gemeinsam geplant habt. Seine Aufzeichnungen, deine Beobachtungen und deine Kommunikation mit ihm geben dir einen Eindruck, wie seine Libido und seine Frustration steigt und sinkt.

Natürlich musst du ihn nicht deshalb befreien, weil er schon unglaublich frustriert ist; das Einzige, was du tun *musst,* ist auf seine Sicherheit, Gesundheit und Hygiene zu achten. Seine sexuelle Reaktion auf die Keuschhaltung zu verstehen ist nur ein Faktor für deine letztendliche Entscheidung, wann du ihn befreist und einen Orgasmus gewährst.

Wie kannst du den Aufschluss gestalten, wenn du dich entschlossen hast, ihm eine Möglichkeit zur Erleichterung zu gewähren? Als Schlüsselhalterin steht es dir zu, ihn einfach ins Schlafzimmer zu führen, ihn aufzusperren und mit ihm zu machen, was du willst – und warum nicht? Ohne

Zweifel würde es dein devoter Mann genießen, so spontan und energisch benutzt zu werden.

Wenn du einige subtilere und mehr spielerische Alternativen suchst, habe ich hier ein paar Anregungen für dich. Scheue dich nicht, sie zu verwenden oder deine eigenen zu erfinden.

Würfeln mit Dominanz

Hier nimmst du ein Spiel, das ihr beide mögt, und machst es sexy. Fordere ihn auf, zu spielen, und lass ihn wissen, dass er bei einem Sieg *vielleicht* für eine Aufreizungssitzung freigelassen wird. Gewinnt er dreimal hintereinander, bekommt er *vielleicht* einen Orgasmus.

Wenn er verliert, bleibt er eingesperrt, und nur du kannst sexuelle Befriedigung erwarten. Verliert er dreimal hintereinander, bleibt er für wenigstens drei weitere Tage verschlossen.

Das ist nur ein Beispiel, die tatsächlichen Regeln, Preise, Strafen und die Zeit für *euer* Spiel bleiben ganz euch überlassen. Unterm Strich spielt ihr ein Pfänderspiel; jedes Spiel, das sich ausreichend schnell spielen lässt, und wo man einen Spielstand führen kann, lässt sich anpassen.

Wenn er sich als armseliger Gewinner (oder schlechter Verlierer) herausstellt, wird dir sicher mindestens eine gute Methode einfallen, ihn zu bestrafen.

(Un)faires Geschäf

Hier gibst du deinem Mann ein „Orgasmusverhältnis" vor, also die Zahl an Orgasmen, die er dir bereiten muss, bevor er sich einen eigenen verdient. Beginne mit einer vernünftigen Zahl, und schrecke nicht davor zurück, sie nach oben zu korrigieren, wenn das notwendig erscheint.

Es kann passieren, dass du während eines besonders

überwältigenden Höhepunkts den aktuellen Stand vergisst – falls dir das passiert, ist es okay, du kannst immer ein paar zur Sicherheit abziehen, oder überhaupt wieder bei null anfangen.

Beachte, dass manche Leute es für wirklich unfair halten würden, wenn du das zweimal hintereinander machst.

Belohnung und Bestrafung

Dieses Szenario folgt einem intensiveren Zugang zum Keuschheitsspiel und kann verwendet werden, wenn du und dein Mann darin übereingestimmt haben, das Spiel über das Schlafzimmer hinaus auszuweiten.

Die Idee dahinter ist, dass die Schlüsselhalterin die Leistungen ihres Mannes in den Bereichen, die ihr wichtig sind, überwacht (erinnerst du dich an die drei Listen? Jetzt ist die Zeit, sie anzuwenden).

Wenn er dich zufriedenstellt – Massagen, Orgasmen, Hausarbeit, Kinder zur Schule bringen, wenn er andere Wünsche erfüllt, die du geäußert hast – erhält er einen Belohnungspunkt.

Wenn er dich verärgert – Hausarbeit verweigert, länger arbeitet, ohne anzurufen, oder sich über das Versperrtsein beschwert, zum Beispiel – dann erhält er einen Strafpunkt.

Wenn du feststellst, dass es so weit sein *könnte,* ihn aufzuschließen, dann schau auf die Bilanz seiner Belohnungs- und Strafpunkte und entscheide dann, ober er es sich verdient hat.

Je nachdem, wie strikt du sein willst, kannst du ihm den Orgasmus gewähren, wenn die Belohnungspunkte die Strafpunkte überwiegen. Oder du verlangst, dass es doppelt so viele Bonuspunkte wie Strafpunkte sein müssen, oder zumindest 100 mehr oder nicht mehr als 10 Strafpunkte insgesamt... es gibt unendlich viele Variationen, und die Details sind deine Sache.

Mit der Zeit könntest du das erforderliche Verhältnis anpassen, damit die Herausforderung für deinen Mann bleibt.

⊕

Ob du jetzt eines dieser Spiele verwendest oder deine eigenen erfindest, du darfst niemals zulassen, dass sich bei deinem Mann der Glaube breitmacht, er hätte *Anspruch* auf einen Aufschluss. Die ersten paar Male, wo er seinen Ausweg aus der Keuschheit verdient oder gewinnt, mach es auch, aber irgendwann (und bevor er sich zu sehr an die Routine gewöhnt hat) sagst du ihm, dass du es dir anders überlegt hast: Dieses Mal wird er nicht befreit.

Du betrügst hier nicht. Du legst nur die Grundregeln neu fest, und die wichtigste davon ist, dass du das Sagen hast. Ganz gleich, wie sehr er glaubt, dass er einen Orgasmus verdient hat, du hast immer das Recht, ihm diesen zu verweigern, ohne dafür einen Grund anführen zu müssen.

Wenn er sich beschwert, dann hast du die ultimative Antwort: Er hat gerade jede Chance auf seinen vermeintlich verdienten Aufschluss verspielt und wird noch länger warten müssen. So eine Reaktion wird höchstwahrscheinlich jedes weitere Argument unterbinden, und wenn nicht – er macht es nur noch schlimmer für sich.

Ein Mann, der sich wirklich unterwirft und von dir keusch gehalten wird, wird diese Einseitigkeit und „Unfairness" deiner Entscheidung als nur noch erregender empfinden.

Wiederverschluss

Gleich nach einem Orgasmus sinkt die Libido des Manns deutlich ab. Da es die Libido ist, die ihn in die Keuschheit getrieben hat, kann es sein, dass du auf Zurückhaltung oder Widerstand stößt, wenn es darum geht, ihn wieder zu verschließen.

Wenn du und er die Keuschheit ernst nehmen, dann darfst du das nicht erlauben. Wenn du ihn sozusagen vom Haken lässt, dann hast du die Entscheidung, ob er die Vorrichtung trägt, aus der Hand gegeben und sie ihm überlassen.

Wenn du dich für diesen *Laissez-faire* Weg entscheidest, dann verwandelst du seine Keuschheit in ein gelegentliches Sex-Spiel, das von ihm eingeleitet wird und erst dann bis zu seinem Aufschluss unter deiner Kontrolle steht. Wenn ihr mehr an der Fantasie als der vollen Realität der Keuschheit interessiert seid, kann das einen sehr zufriedenstellenden und erregenden Kompromiss darstellen – und man weiß nie: Wenn ihr findet, dass ihr dieses Keuschheitsspiel mögt, könntet ihr es ja langsam weiterentwickeln.

Wenn es andererseits euer Ziel ist, seine Keuschheit mehr sein zu lassen als ein gelegentliches Spiel im Schlafzimmer, dann musst du dafür sorgen, dass er auf deine Anweisung in die Vorrichtung eingeschlossen wird. Du kannst ihm einige Zeit außerhalb gewähren, aber wenn du entscheidest, dass er eingesperrt werden soll, dann hat das zu geschehen.

Wie könnt ihr das in den Griff bekommen, wenn sein Gemütszustand nach dem Orgasmus ihn unwillig macht, es zu erlauben? Da er körperlich stärker ist als du, kannst du ihm die Vorrichtung schwerlich mit Gewalt anlegen.

Einige Möglichkeiten zur Auswahl:

- Wenn er devot und ausreichen davon überzeugt ist, was er wirklich braucht, dann könnte er durchaus seine augenblicklichen Gefühle hintanstellen und die Vorrichtung freiwillig akzeptieren. Wenn das so ist, dann gibt es kein Problem: Du sperrst ihn ein, wann immer du dazu bereit bist.

- Wenn ihm die Keuschheit wichtig ist und er sich nur sträubt, weil ihm im Moment die Erregung fehlt, dann kannst du ihn ein wenig nötigen. Er weiß, dass er die Keuschheit will; mache ihm klar, dass du nicht weiter mitspielen willst, außer zu deinen Bedingungen – und das bedeutet, er wird *gleich jetzt* eingesperrt.

- Manche Frauen, die es mit einem Liebhaber zu tun haben, der ein echtes Problem damit hat, die Vorrichtung zu akzeptieren, wenn er nicht geil ist, aber trotzdem (zu einem anderen Zeitpunkt) wirklich wünscht, keusch gehalten zu werden, greifen zu Handschellen, wenn sie ihn aus der Vorrichtung befreien. Er wird aus den Handschellen nur frei kommen, wenn er sich erneut einsperren lässt.

Natürlich kann sich jeder Mann, der die Keuschhaltung ablehnt, mit seinem Notschlüssel befreien. Er könnte sogar einen Bolzenschneider oder ein ähnliches Werkzeug benutzen, um das Schloss zu entfernen oder die Vorrichtung aufzubrechen. Kurz gesagt, es gibt für die Frau keinen Grund (und auch keine denkbare Begründung), ihren Mann keusch zu halten, wenn er das wirklich nicht will.

Gleichermaßen gibt es keinen Grund, sich den Aufwand der Keuschhaltung anzutun, wenn er (zum Beispiel mit dem Notschlüssel) schwindelt: Wenn er sich nicht an die Regeln hält, warum solltest du dann überhaupt an dem Spiel teilnehmen?

VIERTER TEIL

Nach vorne
oder zurück

Was, wenn er es sich anders überlegt?

Jeder Mann, der darum gebeten oder sich bereit erklärt hat, keusch gehalten zu werden, ist offenbar devot, mit dem Wunsch, sexuell von seiner Partnerin kontrolliert zu werden. Wenn er keine machtvollen Fantasien von dir als seiner Schlüsselhalterin hätte, dann hätte er es nicht erlaubt, dass du diese Kontrolle übernimmst.

Aber auch der unterwürfigste Mann kann jedoch herausfinden, dass sein Wunsch nach Keuschhaltung nicht der Realität eines solchen Zwangs entspricht.

Erinnern wir uns an die diversen Entwicklungen, die dein keuscher Mann erfahren hat. Er hat sein ganzes Leben bis jetzt, unbeschränkten Zugriff zu seinem Penis gehabt, mit all der Freude, Bequemlichkeit und Befriedigung, die das mit sich bringt. Er konnte im Stehen die Toilette benutzen, Sport ohne Bedenken ausüben, bequem auf seinem Bauch liegen und so viele Erektionen haben, wie er wollte…

Sobald er eingesperrt ist, sind alle diese Genüsse dahin (aber nicht vergessen), während Fantasie zur Realität wird und ihm sein neuer Zustand bewusst wird. Seine devote Veranlagung wird sich nicht ändern, aber ein gewisses Element der Rebellion kann dazukommen.

Das Paradoxe daran ist es, dass ein Mann, der sich jetzt der Keuschheitsvorrichtung widersetzt, ein paar Tage später wieder „in Stimmung" sein kann – und versucht, sich wieder bei dir einzuschmeicheln, und wieder von dir keusch gehalten werden möchte. Wenn du ihm dieses Spiel erlaubst, dann verlierst du die Kontrolle über die Gesamtsituation: Du bist dann seine Spielgefährtin, aber nicht seine Schlüsselhalterin.

Du musst selbst die Frage beantworten, ob du diese Rolle überhaupt wolltest und ob du sie jetzt wieder haben möchtest. Wenn er jetzt auf die Idee kommt, wieder spielen zu wollen (angesichts der Tatsache, dass er von Haus aus so ausgerichtet ist, wird er das tun), dann vergibst du dir nichts, wenn du ihm ganz einfach sagst, dass dir nicht mehr danach ist.

Wenn du aber andererseits *tatsächlich* in der Stimmung dazu bist, und ihn ernsthaft keusch halten möchtest, dann musst du jetzt die Kontrolle wiedergewinnen (oder noch besser, sie schon gar nicht erst aus der Hand geben). Der Rest dieses Kapitels erforscht die Frage seiner Unlust – und die Strategien, damit umzugehen – etwas gründlicher.

Der fügsame Mann

Der einfachste Fall für dich ist jener, wo sein Verlangen nach Unterwerfung sein Verlangen nach Rebellion überwiegt – der sogenannte *„fügsame Mann"*.

Wenn du ihn aus seinem Gefängnis entlässt, wird er sich kleinlaut dem Wiederverschluss unterziehen, sobald du das bestimmst. Sogar wenn du ihn aufsperrst, gnadenlos aufreizt und ihn wieder versperrst, ohne ihm einen Orgasmus zu gewähren („ihn für einen anderen Tag aufsparst"), wird er sich jede Beschwerde verbeißen. Er wird vielleicht vor Frustration stöhnen, aber wird nicht versuchen, sich zu widersetzen.

Er vertraut dir, weiß, dass du ihn liebst, und weiß, dass „ein anderer Tag" kommen wird – aber nur dann, wenn du beschließt, dass es so sein soll. Die Tatsache, dass diese Entscheidung deine, und nicht seine, ist, ist sehr anregend für ihn – genauso wie die Tatsache, dass du ihn (und seinen Penis) so sehr schätzt, dass du alles sicher für deine exklusive Verwendung unter Verschluss haben möchtest.

Genauso kannst du vom fügsamen Mann erwarten, dass er deinen Anweisungen folgt, wenn du ihn für Sport oder zum Baden aufschließt, sich nicht ungehörig berührt und sich nicht widersetzt, wenn es für ihn an der Zeit ist, in seinen eingeschlossenen Zustand zurückzukehren.

Der widersetzliche Mann

Unglücklicherweise sind nicht alle Männer so zuvorkommend – und so kommen wir zum sogenannten *„widersetzlichen Mann"*.

Wenn du so einen Mann befreist, dann könnte er sich widersetzen, wenn es Zeit ist, ihn wieder einzusperren. Er wünscht sich die Keuschheit, denn sonst würde er sich nicht unter deine Kontrolle begeben haben, aber sein Bedarf nach Widerstand ist (möglicherweise nur für den Augenblick) größer als dieses Verlangen. Im Speziellen kann seine nach einem Aufschluss mit Orgasmus verringerte Libido sehr leicht dazu führen, dass er die Keuschheitsvorrichtung gleich danach ablehnt.

Für einige Frauen ist die einzige Möglichkeit, damit umzugehen, ihn beim Aufschluss so festzusetzen (mit Handschellen zum Beispiel), dass er nicht eingreifen kann, um sich einen unerlaubten Orgasmus zu verschaffen, und sich auch nicht gegen den Wiederverschluss wehren kann.

Wenn du seine Hände frei brauchst, kannst du ihn mit einem Fuß an den Bettpfosten ketten oder ihm etwas Großes, Unhandliches und Peinliches an den Körper schließen – mit dem Versprechen, dass er erst freikommt, wenn er wieder sicher verschlossen ist.

Wenn du auf diese Strategie zurückgreifst, dann solltest du den Schlüssel gut versteckt halten – setze ihn zuerst fest, und hole den Schlüssel zu seiner Keuschheitsvorrichtung erst, wenn er hilflos ist (und nicht sehen kann, wo du den

Schlüssel aufbewahrst). Gleichermaßen solltest du den Schlüssel sicher verstecken, bevor du ihn von den Handschellen befreist.

Wenn er absolut darauf besteht, nicht mehr eingesperrt zu werden, und sagt, dass es jetzt für ihn kein Spiel mehr ist, dann musst du das natürlich respektieren – und du solltest ihm gleichzeitig eindeutig klar machen, dass er dann deine Dienste als Schlüsselhalterin verliert: Lass nicht zu, dass er diktiert, wann er die Vorrichtung trägt oder nicht.

Keuschheit bedeutet nicht, dass du, nach seinen Regeln, das Wachpersonal für seinen Penis spielst. Es geht um die Übergabe der Kontrolle an dich. Wenn du dich mit weniger zufriedengibst, beschwindelst du dich selbst (und ihn).

Was machst du also, wenn er so weit ging, die Vorrichtung zu verweigern, und eine Woche später darum bettelt, sie wieder angelegt zu bekommen?

Gib ihm nicht, wonach er verlangt.

Es könnte sein, dass du ihm das Geschenk, Schlüsselhalterin zu sein, nie wieder anbieten wirst (besonders wenn du von Anfang an dem Experiment nur mit Zurückhaltung zugestimmt hast – wer kann die Frustration gebrauchen, jemandem einen Gefallen zu tun, der selbst nicht weiß, was er will?).

Sogar wenn du die Erfahrung seiner Keuschheit genossen hast und auf mehr davon aus bist, darfst du ihm nicht erlauben, den Ablauf zu bestimmen. Wenn er darum bittet, sag ihm, dass du darüber nachdenkst – und mach ihm klar, wie sehr du vom vorherigen Ergebnis enttäuscht warst, und dass du sehr abgeneigt bist, es nochmals zu versuchen.

Mach ihm auch klar, dass jedes weitere Drängen von seiner Seite eher dazu führt, dass du „nein" sagst – und dass du, falls du dich anders entscheidest, das nur zu dei-

nen Bedingungen machen wirst, und jeder weitere Widerstand seinerseits das endgültige „Aus" bedeutet.

Oder du könntest ihn dazu zwingen, sich deine Dienste
als Schlüsselhalterin wieder zu verdienen – aber mach ihm
kein Versprechen, dass er erhält, was er begehrt. Sicherheit
ist etwas für dich, die Schlüsselhalterin, nicht für ihn, den
(möglicherweise) keusch gehaltenen Mann. Die erzwungene Keuschheit ist dein Geschenk an ihn, nicht ein Recht, auf
das er bestehen kann.

Wenn du dazu bereit bist (und nachdem mindestens
einige Wochen oder sogar Monate vergangen sind), führe
die Vorrichtung schnell und entschieden wieder in eure Beziehung ein – und gib ihm zu verstehen, dass jeder weitere
Trotz dazu führen wird, dass du noch weniger Lust hast, es
in Zukunft wieder zu versuchen.

⊕

Wiederholte Aufstände dieser Art können ein Zeichen dafür sein, dass das Keuschheitsspiel für dich und/oder deinen Mann nicht funktioniert. Niemandem ist ein Vorwurf
zu machen, wenn das passiert: Vielleicht hat er dich darum
gebeten, eine Fantasie mit ihm auszuleben, die er im kal-
ten Licht der Realität doch nicht wollte, oder du hast ihn
darum gebeten, und das Opfer, das er bringen musste, war
doch zu groß.

Was immer auch der Grund ist, ihr müsst entscheiden, wie es weitergeht. Wenn du eher zurückhaltend seine Schlüsselhalterin geworden bist, dann kannst du jetzt
erleichtert aufatmen und die Sache sein lassen; nachdem
er einen Rückzieher gemacht hat, wird er sich wohl nicht
darüber beschweren, wenn du das auch tust.

Wenn du andererseits noch immer Lust darauf hast, zumindest einen Teil der Keuschheit in eurer Beziehung zu

behalten (vielleicht war es ursprünglich deine Initiative, oder es war sein Vorschlag und dir haben die Resultate gefallen), dann könntest du einige andere Lösungen probieren.

Zuerst könntest du die Angelegenheit mit ihm diskutieren. Dass du seinen Rat suchst, kann natürlich den Eindruck vermindern, dass du die Kontrolle hast, also musst du dir überlegen, ob es deine Chancen erhöht oder vermindert, das zu bekommen, was du willst.

Wenn du dich entscheidest, ihn nach seiner Meinung zu fragen, dann formuliere das als Forderung, nicht als Bitte. Die Diskussion sollte in einem erotischen Umfeld stattfinden, möglicherweise einem, wo eher du in einer dominanten und er in einer unterwürfigen Position ist.

Versucht, eine gemeinsame Basis, die für euch beide funktioniert, zu finden. War die Frist zwischen den Orgasmen zu frustrierend? Braucht er mehr Tease and Denial? Hätte es einen Unterschied gemacht, wenn du ihn regelmäßiger aufgesperrt hättest, für eine Dusche unter Aufsicht?

Wenn ihr zu dem Schluss kommt, es ein wenig anders zu probieren, dann kannst du aus einer Position der Stärke verhandeln. Dein Ziel ist es, mehr von dem zu bekommen, was du möchtest, und ihm dafür genug von dem zu geben, was er braucht.

Er darf nicht den Eindruck gewinnen, dass er dich über den Tisch ziehen kann: Da er devot ist, möchte er, dass *du ihn* über den Tisch ziehst. Lege Bedingungen fest, die euch beiden Spaß machen, aber unterstreiche, dass du das Sagen hast. Gib ihm, was er braucht, aber stelle sicher, dass deine Wünsche und Bedürfnisse Vorrang haben.

Wenn ihr trotzdem nicht auf einen Nenner kommt, ist noch nicht alles verloren: Eine spielerische Version der

Keuschheit kann eurem Sexualleben trotzdem Würze verschaffen. Schließe ihn ein, bevor er zur Arbeit geht, und
versprich ihm, dass du ihn mehrmals anrufen wirst, um
ihn zu fragen, wie es geht – und dass du ihn am Abend befreist, sobald er den Abwasch gemacht hat, die Kinder im
Bett sind, er dir Badewasser eingelassen und andere Dinge,
die du von ihm verlangst, zu deiner Befriedigung erledigt
hat.

Oder geh mit ihm zu Bett und versperr ihn gleich an Ort
und Stelle – und fordere ihn auf, sein Bestes zu geben, um
dich dazu zu bringen, seinen Penis aufzuschließen und zu
genießen.

So oder so können du und dein Mann eine Menge Spaß
mit der Keuschheit haben, auch wenn ihr es nicht zu einem
Teil eures Lebensstils macht.

Was, wenn du es dir anders überlegst?

Die schnelle Antwort: Du bist die Schlüsselhalterin, der Angelpunkt der ganzen Übung, und du kannst aufhören, das Spiel zu spielen, wann immer du willst.

Die etwas komplexere Antwort: Du willst vielleicht deinem Mann das Geschenk der Schlüsselhaltung machen, aber es ist ein bisschen viel für dich. Eine Frau braucht schon eine Menge Selbstbewusstsein (gar nicht zu reden von der Zeit und der Aufmerksamkeit), um die sexuelle Kontrolle über ihren Mann zu übernehmen. Es ist also nicht überraschend, dass einige Frauen, die zum Schlüsselhalten überredet wurden, das Ganze zu stressig, unnatürlich und schwierig finden, um es genießen zu können.

Wenn du dich da erkennst, aber weitermachen willst, dann musst du dich zuerst einmal entspannen. Mach dir nicht zu viele Sorgen um ihn und darum, ob du es „richtig machst" – solange du dafür sorgst, dass er gesund und sauber bleibt, hast du die Grundlagen im Griff.

Als Nächstes rufe dir in Erinnerung, dass es primär um deine Befriedigung und deinen Genuss geht, und nicht um seinen. Dein devoter Mann *möchte*, dass du befriedigt und erfüllt bist; er *möchte* frustriert sein und auf den Orgasmus warten. Wenn das so nicht funktioniert – wenn seine Keuschheit eine schlechte Auswirkung auf dich hat – dann stimmt etwas nicht.

Welche Rolle hast du angenommen? Was ist mit ihm? Konzentrierst du dich mehr auf ihn, als er auf dich? Wenn ja, und wenn ihr euch beide trotzdem mit echter, devoter Keuschheit befassen wollt, dann muss sich was ändern.

Wenn sich nichts ändern lässt – wenn so ein Wandel eine Verschiebung in euren gewohnten Rollen brächte, die einfach nicht machbar ist – dann müsst ihr den auf der Hand liegenden Schluss ziehen: Falls ihr weiterhin Keuschheitsspiele spielt, dann werden sie eher spielerischer Natur und nicht ernst sein, mehr darauf aus, ihm ein sexuelles Vergnügen zu bereiten, als dass er sich unterwirft und zu deinen Diensten ist.

Was ihr damit macht, liegt an euch. Vielleicht legst du den Schlüssel überhaupt ab. Vielleicht spielt ihr weiter die Keuschheitsspiele, die er mag, ohne dass du die Macht und die Verantwortung einer Vollzeit-Schlüsselhalterin übernimmst. Wenn ihr diesen Weg geht, dann stelle bitte sicher, dass dein Gewinn dafür, dass du ihm sexuelle Vergnügen bereitest, mindestens so groß ist wie seiner; du wirst sonst keine wirkliche Befriedigung darin finden – genauso wenig wie er, sobald ihm die wahren Machtverhältnisse bewusst werden.

⊕

Also gut. Du hast dieses Ding mit der männlichen Keuschheit probiert, entweder, weil du es selbst entdeckt hast, oder, weil dein Mann dich überredet hat, aber es scheint nicht zu funktionieren. Du solltest noch nicht endgültig aufgeben. Stattdessen versuche ein kleines Experiment, um herauszufinden, ob es nicht doch besser geht.

Als Erstes verbringst du ein wenig Zeit damit, einen besonderen Abend für dich zu planen. Die Hausarbeit wird natürlich er davor erledigen, so dass einige Stunden für alles, was du möchtest, frei werden.

Nimm ein Blatt Papier und mache eine Liste von Sachen, die du gern mit ihm machen möchtest; du fängst damit an, wie der Abend beginnt, und beschreibst Schritt für Schritt den Ablauf. Du kannst alles genau im Detail beschreiben oder einfach deine Wünsche festhalten, ganz wie du willst.

Jeder Punkt auf der Liste ist zu deinem, nicht seinem, Vergnügen da. Die einzige Einschränkung: Es muss für ihn machbar sein. *„Nach Paris im Privatjet fliegen"* ist nicht sinnvoll, außer ihr habt einen Privatjet samt Piloten am Flugplatz stehen! Es ist aber in Ordnung, irgendwelche erotischen oder sinnlichen Dienstleistungen, die du haben möchtest, niederzuschreiben *(nebenbei: Wenn du daran gedacht hast, eine Liste ohne solche Dienstleistungen anzufertigen, dann könnte es sein, dass du einen sehr wichtigen Aspekt dieser Keuschheitsgeschichte noch nicht wirklich begriffen hast).*

Schließe nichts ein, was bei ihm zu einem Orgasmus führt. Wenn er überhaupt einen hat, dann wird es ganz am Ende des Abends sein.

Stelle sicher, dass er ausreichend keusch und geil ist (mit anderen Worten, dass genug Zeit seit seinem letzten Orgasmus verstrichen ist) und gib ihm die Liste. Sage ihm, dass du und er alle die Dinge, die du aufgeschrieben hast, genau so miteinander tun werden. Am Ende des Abends könnte es sein, dass du ihn aufsperrst und er einen Orgasmus haben kann, aber er soll sich nicht drauf verlassen.

Wie schon erwähnt, sind alle notwendigen Arbeiten schon vorher erledigt; alles, was während des Abends noch notwendig wird (Essen kochen, Kerzen anzünden, zwischendurch aufräumen, Bad vorbereiten und so weiter), wird er machen.

Während des Abends kannst du die Reihenfolge umstellen, einzelne Punkte überspringen oder wiederholen. Wenn dir etwas Zusätzliches in den Sinn kommt, mach es. Die einzige Einschränkung bleibt, dass dein Mann bis zum endgültigen Ende unbefriedigt bleiben muss.

Wenn sich der Abend dem Ende nähert, erinnere dich, wie die Dinge gelaufen sind. Die Zeit, die du gerade mit deinem Mann verbracht hast, war das Höchste an purem weiblichen Hedonismus, wie man es mit männlicher Keuschheit wohl erreichen kann: Er hat sein Bestes gegeben, dich auf jegliche Art zu verwöhnen, und du hattest keine Ablenkungen oder Sorgen.

Wenn das noch immer nicht funktioniert hat, dann ist es Zeit, den Tatsachen ins Gesicht zu sehen. Wenn es aber ein Erfolg war, dann hast du jetzt ein paar Hinweise, wie es auch in Zukunft wieder funktionieren könnte…

Im Augenblick musst du nur entscheiden, ob du ihn aufsperrst oder weiterhin frustriert lässt. Wenn dir der Abend nicht wirklich gefallen hat – wenn er nicht mit Eifer dabei war oder wenn du feststellst, dass das Beste, was diese Erfahrung dir bietet, den damit verbundenen Aufwand und die Verantwortung nicht rechtfertigt, dann ist jetzt ein guter Zeitpunkt für einen Wechsel. Nimm ihm die Vorrichtung ab und gib ihm den Orgasmus auf die Art, wonach dir gerade ist. Da er einige Tage keinen hatte, wird das nicht lange brauchen.

Schließe ihn danach nicht ein: Wenn er fragt, warum, unterbreite ihm die Neuigkeit, dass du ab jetzt mehr von ihm sehen willst, so wie er wirklich ist und nicht durch die Stäbe eines Keuschheitskäfigs.

Es steht dir jederzeit frei, das Spiel später wieder einzuführen, vielleicht in abgeschwächter Form, wenn du das so willst – Abende dieser Art könnten überhaupt ein regelmäßiger Bestandteil eures Liebeslebens werden: Du sperrst ihn ein, ihr habt euren Spaß und kehrt zur Normalität zurück bis zum nächsten „Rendezvous". Auf diese Art kann sein Verlangen nach Unterwerfung und sexueller Kontrolle gestillt werden, ohne dass du durch die dauernde Verpflichtung, dich mit seiner Keuschheit zu befassen, überfordert bist.

Wenn die Zeit, die du mit deinem Mann verbracht hast,

dich überzeugt hat, dass du mit dem Keuschheitsspiel weitermachen möchtest, dann gratuliere! Du hältst noch immer seinen Schlüssel und bist die Besitzerin seines Penis. Du kannst ihn jetzt aufsperren und dein Eigentum einige Zeit lang genießen, oder das für später aufsparen – du hast die Wahl.

Über das Schlafzimmer hinaus

Einer der am häufigsten zur Unterstützung der Keuschhaltung angeführten Gründe ist, dass keusch gehaltene Männer mehr im Haushalt helfen.

Wenn du schon zu den glücklichen Frauen gehörst, deren Partner seinen Teil der Arbeit übernimmt, dann wird das für dich nicht von Belang sein. Wenn du aber zu der Mehrheit gehörst, an der all das Kochen, Putzen, Einkaufen und Waschen am Ende hängenbleibt... dann könnte ein keuscher Mann im Haus wie ein zusätzliches Paar Hände wirken.

Sex als eine Waffe zu benutzen, ist weder gesund noch hilfreich, und das gilt auch, wenn es darum geht, die Hausarbeit zu erledigen. Ihn einzusperren und ihn dann dazu zu erpressen, das Badezimmer zu schrubben, wird der Beziehung zu ihm eher schaden als dienen.

Wenn du ihn andererseits einsperrst und dann seine sexuelle Energie dahin steuerst, dass er mehr von seinem Anteil übernimmt... das ist eine andere Sache.

Je länger er keusch ist, desto mehr wird er sich auf deine Bedürfnisse konzentrieren. Bei den meisten Männern bedeutet das, dass sein Hauptaugenmerk auf deinen erotischen, romantischen und körperlichen Bedürfnissen liegt – er will dich ja schließlich dazu bewegen, den Schlüssel zu benutzen – daher wirst du ein paar subtile (oder nicht so subtile) Hinweise fallen lassen müssen, dass er einen angemesseneren Teil der Hausarbeiten übernehmen könnte.

Andere Männer empfinden eine tiefe Befriedigung in der Hausarbeit; manche besuchen Etablissements, die von professionellen Herrinnen geführt werden, wo sie für das Privileg, den Boden schrubben zu dürfen, bezahlen. Wenn dein Mann diese spezielle Veranlagung hat, dann wird er sich beim ersten Anzeichen, dass etwas getan werden muss, freiwillig dafür melden; zumindest wird er sofort auf deinen Vorschlag, es zu tun, reagieren.

Wie in vielen Bereichen einer Beziehung ist es ein Balanceakt, einen Mann dazu zu bewegen, seinen Anteil an der Hausarbeit zu übernehmen. Keinesfalls wollen alle Frauen ihre Männer in diese Richtung treiben, und auch nicht alle Männer fantasieren über das Schrubben des Badezimmers... daher ist es wichtig, ein Arrangement zu finden, das für euch als Paar passt.

Wenn dein Mann bereits jetzt lange arbeiten muss und mehr an romantischen und sexuellen Dienstleistungen für dich interessiert ist, dann läufst du Gefahr, dass er sich am Ende ausgenutzt vorkommt, wenn du ihm zu viele Aufgaben überträgst – ein Gefühl, das schnell in Verbitterung umschlagen kann. Wenn das passiert, dann wird euer gemeinsames Experiment mit der Keuschhaltung wohl auch nicht gut ausgehen.

Wenn ihr andererseits beide viel Zeit im Beruf verbringt und dein Mann seinen Anteil bei weitem nicht erfüllt, er aber eifrig darauf aus ist, dass dein Geschenk des Schlüsselhaltens weitergeht... dann gibt es keinen Grund, warum du nicht auch davon profitieren solltest, eben dadurch, dass du die Hausarbeit gerechter verteilst.

Wenn du bis zu den Ellbogen in Arbeit steckst, während er sich vor dem Fernseher auf der Couch räkelt, dann wirst du letzten Endes eher nicht in der Stimmung sein, ihm jene sexuelle Aufmerksamkeit zukommen zu lassen, die er sich als Teil seiner Keuschheit erhofft. Sobald er begreift, dass er sich selbst hilft, wenn er dir hilft, dann sollte dein Leben um einiges leichter werden.

Anhang A
Quellen im Internet

Informationsportale und Foren

http://www.tpe.com/~altarboy/
http://www.locknkeep.com/
http://chastityforums.com/
http://www.kgforum.org/
http://keuschi.com/

Ausgewählte Hersteller (Käfige)

http://www.gerecke-kg.de/
http://www.steelworxx.de/
http://www.chastitytube.com/
http://www.cb-6000.com/
http://www.maturemetal.com/

Ausgewählte Hersteller (Gürtel)

http://www.lockedinsteel.com/
http://www.carrara-designs.be/
http://www.neosteel.de/
http://www.tollyboy.com/
http://www.chastitysteel.de/
http://www.my-steel.de/
http://www.latowski.de/

Die Einbeziehung in die obige Liste stellt keine Empfehlung für einen Hersteller oder ein bestimmtes Produkt dar.

Anhang B
Maßnehmen für einen Ring

Keuschheitskäfige werden üblicherweise durch einen Ring festgehalten, der seine Genitalien an der Basis umschließt und eng am Körper anliegt. Der Ring und der eigentliche Käfig werden über mehrere Stifte (oder einen ähnlichen Mechanismus) verbunden, wo auch ein Vorhängeschloss oder anderes Mittel der Sicherung angebracht wird.

Kunststoffkäfige haben oft mehrere Ringe unterschiedlicher Größe, aber wenn man einen handgearbeiteten Käfig bestellt, ist es wichtig, vorher genau Maß zu nehmen:

1. Legt einen nicht elastischen Faden (oder eine Schnur) an der Basis um die Genitalien des Mannes, so, als wolltet ihr seinen Penis und Hodensack in einer Schlinge fangen. Die Schlinge zieht ihr so zusammen, dass sie bequem aufliegt, ohne einzuschnüren.
2. Bei der richtigen Länge markiert den Faden oder knüpft ihn fest.
3. Nehmt den Faden ab (falls ihr einen Knoten gemacht habt, schneidet ihn auf) und messt seine Länge ab.
4. Teilt die Länge durch 3,14.
5. Das Ergebnis ist der richtige Durchmesser.

Wenn der Faden zum Beispiel 140 mm lang ist, dann entspricht der Durchmesser 140 geteilt durch 3,14, also 45 mm. Beachtet, dass ein geschlossener Ring etwas größer sein muss; siehe den folgenden Absatz über den Unterschied zwischen geschlossenen und geteilten Ringen.

Nehmt den Ring keinesfalls zu eng, oder ihr riskiert Unannehmlichkeiten oder sogar eine Verletzung seiner Genitalien. Ein leicht loser Sitz ist akzeptabel, wenn es auch dazu führen kann, dass zu viel Gewicht an einer Stelle zieht, wo er es wirklich nicht haben will, oder sogar dazu, dass der Ring abrutschen kann. Zumindest ein Hersteller empfiehlt, mit leicht erhältlichen Gegenständen wie Vorhangringen zu experimentieren, so dass dein Mann ein gutes Gefühl dafür erhält, welche Größe bequem und sicher ist.

Geschlossene und geteilte Ringe

Die letzte Entscheidung betrifft die Wahl, ob ihr einen geschlossenen oder einen geteilten Ring nehmt. Ein geteilter Ring öffnet sich durch ein kleines Gelenk, was es leichter macht, ihn um die Genitalien deines Mannes zu legen, während ein geschlossener Ring fester ist und über seinen schlaffen Penis und den Hodensack gezogen werden muss.

Für und Wider:

- Geschlossene Ringe sind üblicherweise billiger als geteilte.

- Ein geschlossener Ring bleibt an seinem Platz, wenn der Rest der Vorrichtung abgenommen wird, was ein Gefühl der symbolischen Dauerhaftigkeit erzeugt, das gut zu längerer Keuschhaltung passt.

- Es ist so gut wie unmöglich, einen geschlossenen Ring anzulegen oder abzunehmen, wenn der Träger auch nur eine leichte Erektion hat.

- Der vorherige Punkt bedeutet auch, dass ein geschlossener Ring groß genug sein muss, dass er auch bei einer Erektion den Blutfluss zum und vom Penis nicht unterbricht.

- Durch die Art, wie er angelegt wird, kann ein geteilter Ring ein wenig kleiner und enger sein, als es ein geschlossener sein müsste.

- Ein geteilter Ring kann im Notfall leichter abgenommen werden.

- Einige Designs von geteilten Ringen gehen auf, sobald das Schloss geöffnet wird, und müssen daher am Platz festgehalten werden, wenn der Käfig wieder angelegt wird. Die besten Modelle haben einen Stift oder Ähnliches, das sie unabhängig vom Käfig geschlossen hält.

Glücklicherweise könnt ihr, falls ihr den Eindruck habt, den falschen Ring gewählt zu haben, einen anderen beim Hersteller nachbestellen. Der Ring ist üblicherweise der einfachste und billigste Teil einer Keuschheitsvorrichtung, daher wird hier ein Sinneswandel keine finanzielle Katastrophe nach sich ziehen.